本书系作者主持 2011 年度国家社科基金重大招标项目
"我国司法体制改革评价指标体系研究"（编号：11&ZD055）子课题
"司法评价的法理基础研究"、教育部人权教育与培训基地重大项目
"人权视野下的我国刑事司法公正评价指标体系研究"
（项目编号：12JJD820020）的研究成果

司法评价的基础理论

THE BASIC THEORY OF JUDICIAL EVALUATION

蒋银华 ◎ 著

社会科学文献出版社
SOCIAL SCIENCES ACADEMIC PRESS (CHINA)

摘　要

　　评价活动是人类从认识价值到创造、享受价值的中间环节。对于司法改革而言，评价的价值就在于能够通过系统、客观、全面的评价，推动司法改革的高效性，完善公民、社会组织乃至公权力机关对司法改革进程的监督。这体现了司法改革评价系统的判断功能、预测功能、认定功能、选择功能、导向功能、促进监督功能等，对于监控改革进程，及时评价、巩固改革成果，纠正改革中出现的偏差，填补改革中可能出现的遗漏，保障改革的正确方向等，具有重大意义。也恰是因此，我国司法评价理论的研究与发展应当率先确立明确的指导原则和评价思维，注重评价思维与司法实践的结合、人权保障与司法改革的衔接、宪法权威同司法改革的同步等。

　　司法评价的开展，需要确立明确的基本评价原则和思维方式。司法评价的一般原则包括：客观性原则、科学性原则、系统性原则、定性评价与定量评价相结合原则和效验性原则。上述原则相互补充、相互制衡，成为保障司法评估科学开展的重要条件。我国的司法评价应从价值创造思维转向价值评价思维，从法律理论思维转向法律工程思维，从批判评价思维转向建设评价思维，从而为建立科学、系统、全面的改革评价体系，为司法改革提供完善的评估方法、程序、标准，以及强大的理念支撑。

对于社会科学而言，司法评价学的理论证立与实践发展急需得到哲学的指导。认识论、方法论是司法评价指标体系得以证立的基础性问题，而价值论则为司法评价提供了基本的价值取向，即司法评价对于司法改革而言是有用的、有意义的。以价值论为基础，司法评价中的价值具体表现为但不限于良法善治、秩序、正义、公平、公正以及人权等内容，这些价值构成司法评价的价值论基础和支柱。

司法评价是对司法改革的认可程度，它同样需要在宪法框架秩序范围内进行。司法评价应当遵循宪法的指导，牢固树立宪法至上的观念，同时客观面对司法实践中的人权保障问题。为了切实保障公民的基本人权，缓解司法机关的诉讼压力，我国的司法改革应当严格遵循人权的限度，在权力的暴力性与自我约束、权利竞争关系以及改革与诉权实现等层面重新构筑司法体制，以缓解人权保障与司法供给之间的矛盾。司法体制改革作为政治体制改革的重要组成部分，无论是从政治实力还是从权力配置角度来看，它都具备成为改革突破口的条件。而在全面深化政治体制改革背景下，能够承载起司法体制的质性变革的核心要素则是司法权的优化配置。因此，政治体制改革可以以司法评价为制度拐点，重构司法权的分配模式，为我国全面深化政治体制改革提供良好经验。

"用户体验"式司法评价模式作为司法评价方式之一，在改进司法权运行机制的评价体系中具有公众参与度高、评价结果可靠等优点。按体验经济理论的理解，司法公信就是将司法视为系统、服务能否获得用户体验满意度的核心竞争力，这种竞争力又来源于司法机构以公开的姿态自觉地建构人民所期望的司法结构。此外，法官选任制度将为我们提供检验司法评价理论及评价体系的场域，以此发现司法评价学对司法改革的重要价值。应对错案追责进行适当改造，理想的方案是将"错案追究"制度纳入司法惩戒的制度轨道，并与"不适当行为"共同构成司法惩戒事由的二元机制。

关键词：司法改革；司法评价；司法规律；司法制度

目　录

导　论

自党的十八届三中全会对深化司法体制改革作出全面部署以来，中央全面深化改革领导小组第二次、第三次会议相继通过了《关于深化司法体制和社会体制改革的意见及贯彻实施分工方案》、《关于司法体制改革试点若干问题的框架意见》和《上海市司法改革试点工作方案》等重大司法改革决策方案，明确了司法体制改革的目标、原则，制定了各项改革任务的路线图和时间表，并对试点地区改革中的重难点问题制定了政策导向，这标志着中央全面深化改革背景下的司法体制改革已经率先启动。然而，司法改革是一个复杂的系统工程，人们对司法改革的成效往往难以在短期内作出直观的评价，在推进过程中，司法改革是否在其预设目的的轨道上前进，存在何种问题，如何进行纠偏；在阶段性检验时，司法改革是否达到了预期的成效，改革产生了何种效益，如何在泥沙俱下的改革措施中去伪存真，甄别好的改革举措，淘汰坏的改革阻碍，进一步推进新的改革，这一切使得司法改革成效评价研究的实践、理论价值得以凸显。

在过往的几轮司法改革中，人们对于改革成效的评价往往莫衷一是："对于司法改革的成效，社会上有不同的声音。有人认为，司法改革恰似'扭秧歌'，走三步退两步；还有人认为，一方面，司法改革'高歌猛进'，另一方面，公众对司法的不满并没有得到平息，二者之间形成了巨大的反差；还有人认为，司法改革需要更宽阔的社会视野，以及更本质意义上的突破，应当避免口号式改革和空洞化趋势；还有人提出'现在该是改革司法改革的时候了'。"① 司法改革的努力难以取得相对一致的评价，正是因为在司法改革的理论和实践中，改革的主导者和理论界更多的将视角投射于改革目标、方案以及实施过程等领域，而忽视了建立一套科学、系统、全面、客观的司法改革评价体系，使得司法改革屡次上路，却不知路已到何方，歧路难行，却未在屡次试错中绘制改革地图。诚如先见者所言，"建立中国司法体制改革的评价指标体系，不仅能够及时地反馈、矫正和完善中国司法体制改革前进中的问题，还能够为中国司法体制的下一步改革和完善提供重要参考，有效地保障中国司法体制改革的顺利推进"。②

就我国司法改革研究而言，对司法改革进行评价的方法和手段所进行的研究，在目前仍是一个相对生僻的领域。不完全检索表明，除个别学者在文章中偶尔提及如"对司法改革的评价"等类似用法外，尚无学者对此进行专门或进一步的具体研究。但是，基于多年来我国司法体制改革所进行的所有努力，我们认为，应当科学、客观、合理地对其进行评估，总结经验与不足，开拓改革新思路。司法体制改革指标体系的有效构建，将为我国未来司法改革提供科学、开放的参照模型，为我国司法改革顶层设计奠定坚实基础。然而，司法评价本身是一个复杂的系统工程，首先要选择评价的具体目标、评价标准以及评价方法等，真正要达到评价过程、评价结果的科学、客观和公正，就要先明确为什么进行评价、评价什么和怎样评价等问题，而这就必然要求有一套科学、完善的司法评价理论体系作为具体评价活动的理论基础和依据。③

我国司法改革之所以采取顶层设计、局部试点、逐步推广的渐进式方

---

① 熊秋红：《中国司法建设：回顾与反思》，《理论月刊》2010年第4期。
② 王圭宇：《司法改革亟待建立总体评价指标体系》，《法制日报》2012年4月25日，第10版。
③ 马谦杰、于本海：《信息资源评价理论和方法》，经济科学出版社，2002，第68页。

式进行，其考量的重要因素就在于制度理论的局限性与现实变量的复杂性之间的巨大张力。简单地说，改革就是试错，但与经济体制方面的改革不同，司法体制的改革往往具有主观性，难以进行量化，更由于其机制、程序的封闭性、耦合性，更难对其问题进行定位、评估，往往等到其"终端产品"输出时，人们才发现问题的严重性。可见，对于司法体制改革而言，问题在于如何从改革举措的"竞争"中，进行恰如其分的评估、评价，只有及时发现问题、准确定位问题，进而解决问题，才能保证改革的各项措施良性运转，否则司法改革将难以向纵深推进。

党的十八届三中、四中全会在全面深化改革的征程上拉开了全新的司法体制改革序幕，司法体制改革亦成为中央全面深化改革的重中之重，所涉及的顶层设计与基层探索也纷繁多样。然而，司法体制本身具有系统性、复杂性及改革效果相对滞后性的特点，如何保证中央顶层设计与基层试点探索保持高度契合性，如何保证基层试点不偏离顶层设计方案同时兼具探索的动力及活力呢？换言之，如何在顶层设计的刚性与地方探索的创造性之间保持一种恰当的张力，成为此轮司法改革不容忽视的重要问题。从各国司法改革实践来看，司法体制改革成效的评价机制是解决国家顶层设计与地方试点探索间矛盾张力的重要工具。如果缺乏科学、有效的司法体制改革效果评价机制，人们对改革成效的评价往往从自身利益、主观观感和个别视角出发，显得莫衷一是，甚至大相径庭。由此观之，构建一套司法评价体系，对于建设中国特色社会主义法治国家，全面深化政治体制改革而言，具有十分重要的理论价值和实践价值。

从现代评价学的视角来看，评价活动是作为具有自主价值判断、价值选择的主体——人所特有的价值认识活动，人作为改造、利用自然的主体，通过实践活动不断地认识自身及客体之价值，进而创造价值，对所创造之价值进行评价，进而修正其实践活动，循环往复日臻进化。可见，评价活动是人类从认识价值到创造、享受价值的中间环节。对于司法改革而言，评价的价值就在于能够通过系统、客观、全面的评价，推动司法改革的高效性，完善公民、社会组织乃至公权力机关对司法改革进程的监督。这也体现了司法改革评价系统的判断功能、预测功能、认定功能、选择功能、导向功能、促进监督功能等，对于监控改革进程，及时评价、巩固改革成果，纠正改革中出现的偏差，填补改革中可能出现的遗漏，保障改革的正确方向等，具有重大意义。也恰是因此，我国司法评价理论的研究与发展应当率先确立明确的指导原则和评价思维，注重评价思维与司法实践的结合、人权保障与司法改革的衔接、宪法权威同司法改革的同步等。

司法评价的开展，需要确立明确的基本评价原则和思维方式。司法评价的一般原则包括：客观性原则、科学性原则、系统性原则、开放性原则和效验性原则。上述原则的相互补充、相互制衡，成为保障司法评估科学开展的重要条件。此外，评价原则往往通过评价主体的思维作用于评价实践。因此，司法评价也需要确立科学的思维方式。实践证明，法治思维的正确运用，能够提升司法改革成果的合理性、合法性、现实性和可推广性，巩固改革成果，纠正改革中的偏差，保障改革的正确方向。因此，我国的司法评价应从价值创造思维转向价值评价思维，从法律理论思维转向法律工程思维，从批判评价思维转向建设评价思维。从而为建立科学、系统、全面的改革评价体系，为司法改革提供完善的评估方法、程序以及标准，提供强大的理念支撑。

对于社会科学而言，司法评价学的理论证立与实践发展急需得到哲学的指导。关于司法评价"评价什么"及"怎样评价"的问题，实质上是关于司法评价的认识论、方法论问题。它是司法评价指标体系得以证立的基础性问题。一般说来，认识论是哲学体系中的重要组成部分，探究的是人脑对客观世界的反映。它既包括认识客观世界的能力，也包括人们认识客观世界的方式。同时，司法评价也受到方法论的影响，进而依靠科学、全面的评价方式来获知司法人员对于现行司法体系的真切感受，以便从制度实施者的视角明晰司法改革的空间。而价值论则为对于司法评价提供了基本的价值取向，即司法评价对于司法改革而言是有用的、有意义的。以价值论为基础，司法评价中的价值具体表现但不限于良法善治、秩序、正义、公平、公正以及人权等内容。可以说，上述价值构成司法评价的价值论基础和支柱。它反映了司法评价的必要性以及现实作用。

司法评价是对司法改革的认可程度，它同样需要在宪法框架秩序范围内进行。宪法的存在是与现代法治国家的建立息息相关的。一般说来，宪法制度是指一种依靠法治的力量，通过分权制衡的方式规范国家权力，以民主、自由的理念保护公民权利的政治体制。宪法及法律构成国家权力与公民权利的边界。作为我国改革开放以来的一项重要任务，司法评价应当遵循宪法的指导，牢固树立宪法至上的观念，同时客观面对司法实践中的人权保障问题。一般认为，司法构成公民权利保障的最后一道防线。维护公民的合法权益、保障公民的基本价值，便是司法机关难以逃避的本职任务。要切实保障公民的基本权利，落实人权保障的国家基本价值观，势必要顺应社会的发展，从发展中的人权观念中探索司法改革的道路。此外，司法评价在我国政治体制改革中扮演着重要角色。随着政治体制改革全面深化期的到来，我国政治体制改革愈加需要寻找到某种制度突破口，以便全面推动政治体制改革的发展。司法体制改革作为政治体制改革的重要组成部分，无论是从政治实力还是从权力配置角度来看，它都具备成为改革突破口的条件。而在全面深化政治体制改革背景下，能够承载起司法体制的质性变革的核心要素则是司法权的优化配置。因此，政治体制改革可以以司法评价为制度拐点，重构司法权的分配模式，为我国全面深化政治体制改革提供良好经验。

"用户体验"式司法评价模式作为司法评价方式之一，在改进司法权运行机制的评价体系中具有公众参与度高、评价结果可靠等优点，可以作为一种重要的主体视角、实践方法予以广泛运用。司法权运行要顺利完成其作用，必须取得人民的广泛参与、支持和理解，司法权的人民属性和权威获取，必须取信于民，具有司法公信，用体验经济理论的理解，司法公信就是将司法视为系统、服务能否获得用户体验满意度的核心竞争力，这种竞争力又来源于司法机构以公开的姿态自觉地建构人民所期望的司法结构。此外，法官选任制度将为我们提供检验司法评价理论及评价体系的场域，以此发现司法评价学对司法改革的重要价值。

第一章

司法评价的一般原理

第一节　司法评价的基本内涵

司法改革在某种意义上就是一个不断试错的过程，改革没有现成的模式，必然会在不断摸索中前进。因此，改革举措的事后评估就显得尤为重要。通过评估可以不断发现存在的问题，通过对问题的分析，找出解决办法，进而推出新的更加科学合理的改革举措。只有这样，我国的司法改革才能不断向纵深发展，才能更加符合实践的需要。这一点，国外已经有比较成熟的做法，比如英国在 1998 年推出的新民事诉讼规则（1999 年 4 月 26 日）生效后，其施行效果受到了人们的普遍关注。为了对此作一个全面的了解，英国司法大臣办公厅专门进行了分析调查，并于 2001 年 3 月发表了民事司法改革的初期评估报告，对近两年来的民事司法改革实效进行了调查，并作出了初步评估。[①]

至于评估的组织者，既可以是拟设立的国家司法改革委员会，也可以是法学会、律师协会等民间组织或高等院校等科研机构。评估的方法，应当着重于周详全面的实证调查研究，并在此基础上形成专门的报告对外公开发表。评估的时间，一般在改革举措推行一段时间，如 2~3 年后进行。评估的对象，既可以是单项的改革举措如对国家统一司法考试实施效果的评估，也可以是某方面的改革举措，如对新刑事诉讼法实施效果

---

① 齐树洁:《接近正义：英国民事司法改革述评》，张卫平主编《司法改革评论》第 2 辑，中国法制出版社，2002，第 379 页。

的评估。

一　司法评价的概念范畴

评价活动源自人类生存本能的判断和选择，始于人类对于外部自然环境的评判，是自发、本能的反应。随着人类社会的进步，人们从对自然环境的自发评价，发展到对人类社会的自觉评价，经历了从本能到科学的蜕变。从哲学意义而言，所谓评价就是指主体对客体的属性是否满足主体需要的价值关系在意识中的反映形式，是对价值关系的主观判断、情感体验、理性分析、意志保证及其综合，是一种特殊的认识活动。[①] 从制度意义而言，所谓评价就是主体依据一定的评估标准，通过相关的评估程序，考察公共政策过程的各个阶段和各个环节，对政策产出和政策影响进行检测和评价，以判断政策结果满足目标群体需要、价值和机会的程度的活动。[②] 简而言之，评价是主体基于一定评判标准、程序、方法对所评客体价值有无、价值大小的认知活动。

较早的、自觉的、科学的评价形式是道德评价，而比较系统、独立、高层次的社会评价活动则是在 19 世纪末随着西方价值哲学的兴起才逐渐展开的。现代意义的评价亦可以称为评估，是随着近代政策科学的发展而逐步兴起的。早在第一次世界大战前，西方发达国家就开始对政府的社会政策进行系统研究。二战结束后，美国等西方国家开始进行大规模的社会建设，在教育、科技、卫生、就业保障、城市发展等领域实施大规模的资金投入，为保证相关项目和政策的绩效，广泛开展了政策评价活动。到 20世纪 50 年代，政策评价活动已很普遍，并且形成了相关的理论和方法。至

---

① 谭春光:《评价浅析》,《广西师范大学学报》1998 年第 1 期。
② 宁骚主编《公共政策学》,高等教育出版社,2003,第 408 页。

70 年代，政策评价已经建立了独立的学科体系。[1] 独立的评价学研究大致经历了三个发展阶段：原始评价或本能评价阶段、社会评价或大众评价阶段、综合评价或系统评价阶段。随着评价学研究的不断深入，评价研究的领域不断扩展，科学化程度亦不断提升，科学评价的理论和方法不断成熟，评价的形式也从定性评价向定量评价，以及定性评价与定量评价相结合的综合评价转变。[2] 综合评价又称多指标综合评价、系统综合评价（comprehensive evaluation,CE)，是指对以多属性体系结构描述的对象系统作出全局性、整体性的评价，即根据所给的条件，采用一定的方法给每个评价对象赋予一个评价指标，再据此择优或排序。由于影响评价有效性的相关因素很多，而且综合评价的对象系统也常常是社会、经济、科技、教育、环境管理等一些复杂系统，[3] 综合评价本身亦是一个复杂的系统工程。

可见，科学评价体系已经广泛应用于人类社会发展的各个领域，在制度改革领域亦不例外，所谓司法改革评价研究就是设计科学、系统、全面的改革评价体系，为司法改革提供完善的评估方法、程序以及标准，并运用该评价体系阶段性评估司法改革成果的合理性、合法性、现实性和可推广性，进而监控改革进程，及时评价、巩固改革成果，纠正改革中出现的偏差，填补改革中可能出现的遗漏，保障改革的正确方向。

二　司法评价体系的外延构成

司法评价体系的一般程序过程，第一是明确评价目的，第二是确定评价对象，第三是建立评价指标体系（包括收集评价指标的原始值、评价指标的

---

[1] 参见苏茂林《制度评价的内涵、系统及意义》，《中共山西省直机关党校学报》2010 年第 6 期。
[2] 邱均平、文庭孝等：《评价学——理论、方法、实践》，科学出版社，2010，第 18 页。
[3] 邱均平、文庭孝等：《评价学——理论、方法、实践》，科学出版社，2010，第 19 页。

若干预处理等），第四是确立与各项评价指标相对应的权重系数，第五选择或构造综合评价模型，计算各系统的综合评价值并进行排序或分类。[①] 由上可知，司法评价体系的外延构成主要有评价对象、评价指标、权重系数、评价模型和评价者 5 个要素。

评价对象是评价体系指向的标的和客体，是现实的客观存在，同一类被评价对象的个数要具有复数性，否则世界上只有一个司法机构，无论好坏如何都没有判断、评价的必要。在司法评价中，评价对象的关键性在于如何对复杂的司法体制、活动进行对象化分析，也就是对司法体制、运行的各种内外部层次关系、静动态运行关系、权力结构冲突关系等进行剖析，从而为评价指标的确定以及权重的排列打下坚实的基础。[②]

评价指标是从不同侧面刻画评价对象所具有某种特质大小的度量，它既明确了评价对象某一特征的性质，又反映了评价对象的数量，具有定性和定量认识的双重作用。评价指标体系的建立，是由具体评价需求所决定的，根据评价目标的需要，能够全面系统地反映某一特定评价对象的一系列较为完整的、相互之间存在有机联系的评价指标就是评价体系。评价指标和评价体系是对被评对象全部或部分特征的真实反映，其反映事物的真实程度，是评价结论科学性的基本保障。一般来说，在建立评价指标体系时，应考虑指标的系统性、科学性、可比性、可观测性和相互独立性等。[③]

权重系数是指以某种数量形式对比、权衡被评价事物总体中诸因素相对重要程度的量值，也就是对分类的评价指标进行必要排列，根据评价目的不同分别给予不同的权分，简单而言，就是在评价指标之间进行重要性排

---

① 郭亚军：《综合评价理论、方法及应用》，科学出版社，2007，第 4 页。
② 周成新、王成义主编《深圳市法治政府建设指标体系（试行）解读》，深圳出版发行集团、海天出版社，2009，第 23 页。
③ 邱均平、文庭孝等：《评价学——理论、方法、实践》，科学出版社，2010，第 136 页。

列，这种排列的顺序通过权重系数进行表述，当被评对象及评价指标都给定时，评价结果就依赖于权重系数。指标的权重实际上反映了某一指标在其指标体系中所起作用的大小。指标的权重首先反映了指标对总目标的贡献程度，其次反映了各指标在评价过程中所起的作用，最后也反映了各指标的可靠程度不同，即各指标所提供的信息可靠性。可见，权重系数确定的合理与否，关系到综合评价结果的可信程度。评价模型就是将多个评价指标通过数学统计学的方法合成为一个整体性的综合评价值，实际就是多评价指标如何合理合成的问题。[1]

最后是评价者，司法评价体系的评价者是评价的主体，可以是个人或者团体，评价目的的给定、评价指标的建立、评价模型的选择以及权重系数的确定都与评价值有直接关系，评价者的主观因素对于评价结果具有不可忽视的重要作用。[2]

第二节 司法评价的方法构成

司法改革评价的理论侧重于回答为什么进行评价、评价什么以及怎样进行评价等基本问题，是由多学科理论构成的集合体，其中包括哲学的价值论、认识论，计量学理论，比较、分类方法，信息管理方法以及系统科学方法等。[3]

一 哲学方法

价值是评价的基础。马克思指出，"说商品有使用价值，无非是说它满

---

[1] 郭亚军：《综合评价理论、方法及应用》，科学出版社，2007，第6~8页。
[2] 郭亚军：《综合评价理论、方法及应用》，科学出版社，2007，第5~8页。
[3] 邱均平、文庭孝等：《评价学——理论、方法、实践》，科学出版社，2010，第53~81页。

足某种社会需要",司法改革作为一种主体实践活动,其基本的预期是改造已有司法机制释放、创造更多的价值以满足人们的司法需求。但任何实践活动的结果并非总能达到预期效果,司法改革能否实现其预期价值,必须认识、判断价值,了解改革结果的价值状况,从社会需求的价值出发进行评价。

《现代汉语词典》对"认识"的释义是:"能够确定某一人或事物是这个人或事物而不是别的"或者"指人的头脑对客观世界的反映"。[1] 在现实中,人的认识活动实际包括两种取向,即人不仅要认识外在客观世界的本来面目,而且要认识世界对人的意义。因此,从完整意义上看,认识应该包括两种基本形式:知识性认识(揭示世界是什么的认识)和评价性认识(揭示世界应如何的认识)。《现代汉语词典》对"认识"的释义是事实认识,即主体对客观现实的状态描述,而司法改革评价中的认识理论除事实认识外,还包括价值认识,即客观现实状况对于人类生活意义的认识。[2] 科学评价就是在事实认识和价值认识的基础上对评价对象于评价主体的价值和意义所做的合理判断,科学评价本质上是一个价值判断过程,同时它也是一种特殊的认识活动,因此,价值理论和认识理论是司法评价研究的理论基础。

二 计量学方法

计量学理论是司法评价研究的重要理论来源。如开尔文所言,"如果某事物不能测度,那么它就不那么重要",测度和计量不仅在科学上是必要的,也是把握自然现象和社会现象复杂性的重要手段,在组织科学和管理科学中,对现实和事件进行测度和计量,对于了解与研究它们至关重要。[3] 从

---

① 中国社会科学院语言研究所词典编辑室编《现代汉语词典》,商务印书馆,1996,第1067页。

② 参见秦越存《价值评价的本质》,《学术交流》2002年第3期。

③ 〔美〕埃利泽·盖斯勒:《科学技术测度体系》,周萍等译,科学技术文献出版社,2004,第368页。

实质而言，司法改革评价研究就是将司法改革价值指标进行体系化，予以量化研究的过程。量化研究的开展即需要依各项评价客体之特征建立起指标体系，这套体系由多个子指标构成，每项指标都可能通过特定规则进行衡量而转化为特定的数值。这套评价指标体系建构所依赖的方法即是计量科学中的综合评价法。[1]

三　信息管理方法

司法改革评价研究的基础在于对司法反馈信息的搜集、筛选、甄别、分类、排序、建库以及最后的分析处理，因此，司法改革评价的过程从某种意义上就是对改革信息的管理过程，从改革评价对象的分类到评价指标的确立和权重的设定，以及评价信息库的建设、评价信息源的选择与获取、评价信息的收集、评价信息的分析处理等各个环节无不体现出信息管理的方法和技术。[2]

四　系统科学方法

司法改革评价研究的客体包括司法组织体系、司法职权配备、司法权运作形态和司法权运作效果等，每一个研究客体都是一个复杂的动态系统，但从系统的综合评价的角度而言，不管是司法组织体系、司法职权配备还是司法权运作形态都属于系统的转换。系统存在的根本目的不在于输入和转换，而在于输出，在于司法权运作效果对社会环境产生的作用和贡献。如此，司法改革的内部结构和运行机制是否合理，即对司法改革的评价也可以从改革系统投入产出的效率和效果进行判断，或司法系统的终端"用户"对输出产

品的满意程度进行评估。

五　比较方法和分类方法

司法改革评价研究之所以可能，关键在于司法制度、改革措施之间的可比性。可比性的前提在于制度、措施之间的同类性和差异性，通过对评价对象进行分类，将具有相同或相近属性的事物归为一类，并将之抽象指标化，然后通过确立评价中介，将评价对象的指标体系与评价中介进行比较，从而对某一改革措施或制度本身作出整体评价。[①] 分类在综合评价中的重要作用主要是：第一，将评价对象按照不同的属性分成不同的类，进行分类评价和认识；第二，对评价信息进行分类整理，找出共性和差异，发现被评价对象的本质和规律。根据被评价对象的特点将被评价对象分成不同类进行分类评价，是司法评价应该遵循的一个基本准则。司法评价活动的过程就是设计不同的评价指标体系，采用不同的评价方法，将不同的评价对象放入各自评价指标体系中进行比较，或直接将不同的评价对象分成不同类进行相互比较的过程。[②] 所以，在司法评价中必然会大量使用比较和分类的基础理论。

第三节　司法评价的功能

科学、系统、全面、可操作的司法改革评价体系的建构，是推进司法体制改革的重要辅助措施，是建立公正、高效、权威的社会主义司法制度的重要环节。司法改革评价系统的判断功能、预测功能、认定功能、选择功能、导向功能、促进监督功能等，对于监控改革进程，及时评价、巩固改革成

---

① 苏为华：《综合评价学》，中国市场出版社，2005，第 1 页。

② 邱均平、文庭孝等：《评价学——理论、方法、实践》，科学出版社，2010，第 75 页。

果，纠正改革中出现的偏差，填补改革中可能出现的遗漏，保障改革的正确方向等，具有重大意义。

一 判断与预测功能

对于司法改革评价系统的判断、预测功能而言，评价本身就意味着一种判断，评价失去判断作用，就无所谓评价了。因此，评价判断功能是评价的最基本的功能。评价判断是指评价者依据一定的评价标准，对已有的客体作出价值判断，揭示客体能否满足以及在多大程度上满足主体的需要。

评价预测功能是评价的非常重要的功能。评价不仅针对过去和现在，而且指向未来。对未来客体的评价就属于评价预测的范围。所谓评价预测是指主体通过评价，对将要形成的价值客体的价值作出概率判断。评价预测的对象是未来的价值客体。这种预测得出的概率判断是评价主体在思维中对未来客体价值的观念建构，是对未来客体的价值有无及其大小程度所作的概率分析。

司法改革评价体系可以从司法活动的本质规律，即改革本身的合规律性与合目的性出发，在改革过程中，基于改革反馈信息的分析，对将要发生、正在发生或已经发生的被评对象进行判断、预测，对评价对象的未来发展趋势进行评估、指导，对司法改革已有措施的评审、鉴定。

二 认定与选择功能

就认定、选择功能而言，认定功能是司法评价体系的基本功能之一，即根据评价目标，使用一定评价方法和标准对司法改革进程进行指标认定，包括对司法改革计划的可行性认定、司法改革措施的成果效益认定、司法改革配套环境与条件的认定等等，通过评价认定可以直观显示司法改革所取得的正负收益，以具有说服力的定性、定量报告获得中央决策层对改革的支持、指导、监督。

选择功能是基于认定功能的派生功能，通过对司法改革的环境、条件、措施、步骤进行有无价值、价值大小的甄别，对处于竞争状态的改革方案、措施及推进方式等进行量化分析、合理选择。

三　导向与促进功能

就导向、促进功能而言，司改评价体系具有鲜明的价值导向功能，科学、规范的评价标准、评价指标的设定，可以引导和鼓励改革的决策者、实施者适时调整方案、措施，在科学评价体系的指导下开展工作。同时，通过对各司法改革试点地区的指标评价，决策层可以对改革过程中出现的共性问题、个性问题进行分别指导，提高对改革试点地区指导的力度和有效性，各试点地区亦可通过自评、他评的方式，有的放矢，不断发现、解决问题。

四　监督功能

司法评价体系的监督功能可以使中央决策层、司法改革的管理者对司法改革信息进行全面、系统、综合的了解，将司法改革的推进情况与预定评价标准、目标和要求进行比较，将司法改革牢牢控制在党中央设定的目标框架和社会主义宪法法律体系中。

第四节　司法评价的主要特征

一　评价主体的多元化、独立性

从综合评价学社会应用的发展趋势来看，司法评价应首先确定自己的价值和功能，根据不同的评价功能和服务对象确立相应的评价主体，以形成一种评价主体多元化的格局。一方面，对于面向全社会和普通大众的司法评价，要求其信息披露程度高，一般可由民间机构来组织，并引导形成良性竞争的社会评价机制；另一方面，对于政府、司法机构自行主导的司法评价，则可由司法机构内部职能部门、相关部门组建的职能机构或由政府、司法机构指定的研究机构进行，评价结果可以部分或不公之于众，仅作为司法机构自行改进的决策信息。[①] 从微观意义上而言，司法评价主体的多元化是由司法评价系统的复杂性以及评价结果的多面性决定的。我们知道一个司法评价机制往往由指标体系的建立、指标权重的确定和评价方法的选择三个子系统构成，不同的评价主体从司法复杂系统的不同面向出发，因评价侧重不同、评价最终目标不同，在选择上述指标体系、指标权重和评价方法时肯定不完全相同，这样所获得的量化参数肯定有所差异，即便量化参数接近、一致，但司法评价结论的最终得出仍是建立在量化参数定性分析的基础之上，故而多元评价主体的存在，不仅有利于促进良性竞争，实现评价结果的精确性，也可以从不同视角对司法复杂系统进行多面向的评价。司法评价主体的多元化特征，从宏观意义上来看是由评价服务对象的不同需求产生的。于社会公众而言，司法评价的需求在于从整体意义获知该国司法系统的运行状况，行使公民的知情权和监督权；于司法机构自身而言，司法评价的需求在于通过自身机构或第三方独立评价掌握自身全貌以及社会公众对其工作态度，寻求改进、突破。社会评价更侧重于感性与批评，司法机构评价更侧重精确与建设，但从综合评价学的发展趋势来看，委托独立第三方专业评价机构已成为制度评价的一种必然。

　　评价主体的独立性体现在评价主体的选择上，应尽量选择评价信誉良好、知名度高的第三方专业机构，由第三方专业机构据其采用的评价指标体

---

① 邱均平、文庭孝等：《评价学——理论、方法、实践》，科学出版社，2010，第75页。

系，独立获取信息，独立开展评价活动，以保证评价效果和评价结论的公正性和科学性。[①]

二 评价标准的系统化、综合化

我们常常在日常生活中碰到这样或那样的评价问题，比如同类食品或同类饮料哪个品牌好？在组织机构中，哪个员工工作业绩好等。判断同类食品（或饮料）哪个品牌好，不是光凭口感来判断的，而是要综合比较同类食品中若干个品牌的口感、营养成分、价格等方面的差别进行综合评价，不是一个简单的问题。[②] 对于食品这一简单系统的评价尚且如此，司法评价的对象更具有复杂性，必须要建立一套专门的评价指标体系，采用一定的评价分析方法，才能得出准确、综合的判断。所以，科学的评价活动已经从最初的群体自发、零散、非规范化开始逐渐走向制度化、规范化和系统化。由于社会活动的日益复杂化，评价对象的综合化、系统化特征日益显著，单一方法和单一指标评价已不能反映社会活动的特点，现代司法评价方法和指标综合化、系统化特征愈来愈突出。采用定量分析与定性分析相结合，运用多指标体系发展综合化、系统化评价，是司法评价发展的客观要求和必然趋势。司法评价的专业化特征表现在，既重视数量评价指标，又重视质量评价指标，数量与质量并重；既不忽视定性评价方法的运用，也不过分依赖于定量评价方法，将定性评价和定量评价有机结合，发挥评价方法的优点，避免各自缺点。[③]

三 评价方法的科学性

司法评价是一种定量认识客观实际的手段，它使我们能够从纷繁的现

---

① 苏为华:《综合评价学》，中国市场出版社，2005，第65页。
② 郭亚军:《综合评价理论、方法及应用》，科学出版社，2007，第1页。
③ 邱均平、文庭孝等:《评价学——理论、方法、实践》，科学出版社，2010，第11页。

象中把握事物的整体水平。评价方法的科学性指通过一定的数学函数（综合评价函数）将多个评价指标值"合成"为一个整体性的综合评价值。[1] 长期以来，对于司法体制、机制的评价都是通过个别、局部的零星感性体会构建的模糊认识，没有一个科学、有效的评价方法和程序对信息进行收集、分类、排列，最终亦未能通过定量分析获得较为精确的数据结果。司法评价机制研究的最大功用就是试图利用统计学、管理学、系统论、信息论以及计算机技术、工程技术等多学科理论，构建综合性的科学评价机制，使得对司法体制、活动的评价步入科学、精确的道路。

我们认为，评价方法和评价程序的科学性是保证综合评价值也就是评价结论准确的保障。科学评价程序的各个环节有内在、必然的逻辑关系和规律，在评价方法中，必须充分考虑这些因素，方能使得整个评价过程均在科学方法下进行。

四　评价信息的完整性

司法评价必须对评价对象的各种信息进行全方位、多角度的收集和整理，从理论上讲，当试图对某一评价对象进行评价时，所掌握的信息量必须在维度上与对象的信息空间维数相等。[2] 也就是说，司法评价对评价对象的信息掌握必须足以还原信息对象本身的具象特征，并在此基础上进行有选择性的分类、排列及权重比较。但是在现实中，司法评价活动要掌握足以构建评价对象的信息空间维数是难以实现的，所以对评价信息完整性的理解并非重建评价对象本身，而是通过评价目的的需要在最初对信息选择时进行有针对性的选取，通过均匀、侧重等方式以粗线条方法获取评价对象的轮廓，再有重点地选取评价目标信息，经过信息处理的方式构成其完整性。总之，司

---

[1]　孙立荣：《现代综合评价理论的发展》，《中国统计》2009 年第 6 期。

[2]　邱均平、文庭孝等：《评价学——理论、方法、实践》，科学出版社，2010，第 28 页。

法评价活动能否正常进行，评价结果是否具有客观性，前提基础就在于所选择的信息是否完整。同时，评价对象信息的完整性也是司法评价的主要特征之一。

第五节　司法评价的对象与内容

一　评价对象

评价学作为一门新兴的学科，是指用科学的方法对一切对象进行的评价，意指"科学地评价""评价科学化"。作为一门学科，它覆盖的范围非常广泛，囊括了各行各业、各个学科领域、各层次、各种类型的评价。综观当前世界进行的科学评价活动，它一般从三个层面展开：一是从哲学层面展开的评价活动，涉及事实认识、价值认识与判断等，主要包括价值评价、社会评价、道德评价等，主要应用于认识论和价值论领域；二是从各学科层面展开的评价，涉及对象的认识与描述、判断与选择、改进与完善等，主要包括环境与状态评价、过程评价、结果及影响、绩效评价等，主要用于科技、经济、管理与决策领域；三是从社会生活层面展开的评价活动，涉及文化、观念、政策、制度、法律、伦理、道德、习俗等，主要是价值认同与观念选择的问题。科学评价活动首先是在不同层面各自展开，随着社会经济的发展，评价活动的层次已经被打破，围绕不同的评价对象可以在上述三个层次内进行综合评价，即不同层次的评价已经实现相互渗透、逐渐融合，评价的对象往往成为区分不同科学评价活动的主要标志。[1]

---

[1]　评价的特殊本质主要是通过其特殊对象表现出来的。任何一种科学理论都是以其对象的特殊性而区别于其他理论的，评价也不例外。因此，要科学地阐明评价的本质，必须首先正确地确定其对象。邱均平、文庭孝等：《评价学——理论、方法、实践》，科学出版社，2010，第4页。

　　司法评价研究作为一种工具性实证研究，设计科学、权威、全面的改革评价指标体系，对于监控改革进程，及时评价、巩固改革成果，纠正改革中出现的偏差，填补改革中可能出现的遗漏，保障改革的正确方向等，具有重大意义，由此观之，司法评价的对象主要包括三个方面，即司法、司法体制和司法改革。

　　司法作为被评对象是指宪法和法律规定的国家机关，依照法定职权与程序，适用法律，居中处理争讼的活动。如此表述，作为被评对象的司法包含了主体机关、法律授权、法定程序、适用法律、居中处理争讼五大要素。主体机关，即由宪法、组织法、诉讼法等明确规定，尤其须由宪法明确规定，赋予特定国家机关以司法主体资格，实现主体合宪合法。非经宪法特殊规定，任何机构或组织也不具备司法主体资格。法律授权，即由宪法、组织法、诉讼法等明确规定，尤其须由宪法规定授权，赋予特定国家机关以司法职权（权力），实现职权（权力）合宪合法。非经法律授权，任何机构或组织也不享有司法职权（权力）。法定程序，即由宪法、组织法、诉讼法等明确规定，处理案件，行使职权，必须严格依照法定程序，遵循法定的方式（程式）、步骤（顺序），实现司法程序合法。适用法律，即把法律规定（规范）运用于具体案件，做到证据确凿，定性准确，量裁适当，即正确适用法律。这是司法的中心环节，也是司法的生命与目的。居中处置，即面对当事者的纷繁争讼，司法者应居中问案、居中处理。做到司法"居中"定位，是实现公正司法、司法公正的根本前提与基础。[①]

　　作为被评对象的司法体制，包括以司法为职能目的而形成的组织体系与制度体系：司法组织体系由各级司法机构（机关）构成，包括最高国家审判机关、最高国家检察机关和地方各级国家审判机关、检察机关，它们一同构

---

①　刘海亮、李萍：《论司法体制改革的概念与特征》，《辽宁大学学报》（哲学社会科学版）2003 年第 6 期。

成了有中国特色社会主义司法体系，这是中国司法体制的组织基础；司法制度是规定国家司法机关性质、任务、组织、程序等方面的法律制度之总和，司法制度也是规定司法机构设置和职能权限（职权范围）的法律制度，司法制度由各项相关的法律制度构成，包括法院组织制度、审判（诉讼）制度、法官制度、法律监督制度、检察官制度等，也包括刑事司法制度、民事（经济）司法制度、行政司法制度、涉外司法制度等。司法组织体系与制度体系一同构成了有中国特色社会主义司法制度，这是中国司法体制的法律基础。司法组织体系和司法制度协调配套，形成了严整完善的当代中国司法体制。司法体制的核心，是各司法主体机关的职权配备（配置）。①

作为被评对象的司法体制改革，是指国家司法机关（组织体系）和国家司法制度（法律制度）在宪法规定的司法体制基本框架内，实现自我创新、自我完善和自我发展，建设有中国特色社会主义现代司法体系和司法制度。司法体制改革的内容涵盖了国家司法机关（组织体系）、国家司法制度（法律制度），宪法规定的司法体制基本框架，司法体制的自我创新、自我完善、自我发展。②

二　评价内容

为建立公正、高效、权威的社会主义司法制度，为保障司法体制改革的统一、规范、有序，为保证司法体制改革符合国情，并始终沿着正确的方向进行，不仅需要精准司法、制度创新，而且需要完善相关的辅助措施。司法体制改革的评价手段即为其中尤为重要的一环，司法评价的主要内容包括以下几个方面。

---

① 肖扬：《当代司法体制》，中国政法大学出版社，1998，第134~139页。
② 刘海亮、李萍：《论司法体制改革的概念与特征》，《辽宁大学学报》（哲学社会科学版）2003年第6期。

首先是司法评价的指标体系。司法评价的指标体系包括指标设计和指标选取，即明确采用哪些指标进行评价。每一项指标都是从某个方面反映了司法、司法体制及司法改革的某些信息，正确、科学地使用这些信息，是进行司法评价的首要内容。为求全面而选取指标过多，指标之间就难免重复，并且相互干扰；选得太少，可能所取得的指标又缺乏足够的代表性，会产生片面性。因此，在评价指标的选取上，一般会选择一些灵敏度高、代表性强、有一定区分能力又相互独立的指标。选取评价指标也会遵循评价的目的性、全面性、合理性的原则，要尽可能覆盖评价对象的所有方面。[①] 考虑到此轮司法体制改革覆盖面广，涉及要素繁多，其中有些要素为关系改革性质、改革方向、改革成败的核心要素，有些为关涉具体制度设计的次要要素；有些要素形成于改革参与者对改革的主观思考，有些要素取决于改革所处的客观条件；有些为影响改革某一方面、某一阶段的局部性、阶段性要素，有些为关系到改革全局、整个进程的整体性要素，我们将司法改革评价指标体系共分为价值篇、制度篇、文化篇、效果篇共 4 篇，包括 10 个一级指标，31 个二级指标，96 个三级指标，其中 10 个一级指标是对本次司法评价内容最为直观的表述，包括司法公正要素、司法效率要素、司法权威要素、司法权配置要素、司法资源要素、监督机制要素、司法政策要素、司法生态要素、司法文化要素、司法改革效果要素，其他 31 个次级指标均是围绕上述评价内容具体展开。

其次是评价的尺度。评价尺度用来对评价对象进行测定并确定其价值，在评价中要根据评价的目的、评价对象的性质来确定评价尺度，并给每个评价指标准确赋值，即确定各个指标的实际值。

再次是确定各个评价指标的权重系数。目前确定权重系数的方法主要有

---

① 何俊德：《项目评估——理论与方法》，华中理工大学出版社，2000，第 78 页。

两类，一类是主观赋权法，一类是客观赋权法。主观赋权法在应用过程中不可避免地会掺杂主观因素的影响，客观赋权法又往往会忽略指标的重要性，合理的做法是将两种方法进行有机的融合。

最后是评价方法的确定。评价学研究方法很多，使用不同评价方法得出的结论可能有很大差异，我们在此次评价活动中尽可能尝试多种方法，主要采用定性分析方法，通过广泛调研、听取汇报、召开座谈会、收集官方数据与相关信息，在充分掌握第一手资料的基础上，科学、客观、合理地对我国司法改革的实践进行评估，同时采取数据分析定量方法，对相关评价指标予以定量分析，努力追求评价结果的客观性，总结具有普适性的参照模型，检测各级司法机关的工作效果，以期推动各级司法机关相关工作的进一步发展。

第二章

司法评价的基本原则

司法作为一种复杂的制度集合体，本质上是一种人与人之间契约关系的集合化、规范化与稳定化。司法评价不是一个基于既定标准就可以展开并完成的简单过程，而是一个评价、反馈、调整周而复始的循环过程。司法评价的运行，既内化于司法制度体系，又作为一个相对独立的运行系统，成为社会制度体系的参照系。尽管在方法上可能是多元的，但司法评价的运行并不是一个任意的过程。要使得司法评价本身能够成为社会司法体系的合理构成部分，司法评价的运行必须要遵循一些基本原则。[1] 司法评价的基本原则即司法评价的指导思想，原则体现了主体在实施评价活动过程中的基本思想、精神和理念，或者说侧重点和中心。在不同的原则下进行司法评价，会得到不同的科学评价结果。[2] 司法评价的一般原则包括：客观性原则、科学性原则、系统性原则、定性评价与定量评价相结合原则和效验性原则。

第一节　客观性原则

客观性原则就是实事求是的原则，是司法评价的首要原则。在司法评价过程中，要以评价标准为依据和准绳，基于评价对象的基本特征，实事求是、客观公正地评价对象，而不掺杂个人的主观喜好。司法评价活动必须以客观存在的大量事实为依据，一切结论都产生于分析的结尾而不是开头，我

---

[1] 〔美〕V．奥斯特罗姆等编《制度分析与发展的反思——问题与抉择》，王诚等译，商务印书馆，1992，第1页。

[2] 邱均平、文庭孝等：《评价学——理论、方法、实践》，科学出版社，2010，第37页。

们反对先有结论再去搜集罗列个别事实来"论证"。评价一定要恰如其分，不夸大、不缩小。与此对应，司法评价的公开、公正、公平原则是保证评价客观的基础。在科学评价中，只要不涉及保密内容，评价标准、评价方法和评价过程都应该尽量公开。唯有公开才能公正，唯有公正才显公平，唯有公开公正公平才能客观。而要做到客观、公正，就必须保持评价主体的独立性。[①] 当然，司法评价的客观性和司法规律认识的客观性存在区别，评价不是单纯的主体对客体的反映，而是主客体之间的相互作用。这种作用的结果中包含了主体的因素，这正是司法评价这种认识的特点。我们把司法规律这种认识叫作"知识性认识"，把司法评价这种认识叫作"评价性认识"。"知识性认识"和"评价性认识"都是意识对客观存在的反映和认识，但知识性认识以反映客体本身的规律为主要内容，它们是客体性认识的过程和结果；评价性认识以反映主体本身的需要为主要内容，它是主体性认识的过程和结果。简而言之，司法评价的客观性是主客体相互作用的客观性，即主体以自己的需要和利益作为尺度衡量对司法体制、机制活动进行评价的过程客观性、结果客观性。

第二节　科学性原则

科学性原则是指司法评价的方法、标准、程序和结果的科学性、可靠性，评价过程和结果的可重复性。可重复性是指按照相同的评价过程、相同的评价方法得出相同结果的概率。如果得出同一结果的概率大，那么评价结果的科学性、可靠性就高。由于受到各种因素的影响，评价结果往往是一种概率事件。但是，评价过程越公正、方法越科学，结果的趋同性必然越强，

---

① 邱均平、文庭孝等：《评价学——理论、方法、实践》，科学出版社，2010，第38页。

这样评价结果也就越科学可靠。[1] 分类和比较是保证司法评价结果科学、准确的基础，由于司法活动是一个非常复杂的过程，包含多种因素、多重关系，因此，科学的评价应该根据评价对象的不同属性和特点确定相应的评价程序、评价标准和方法，进行分类评价，而不是对不同特点和不同属性的所有对象采用相同的程序和方法评价。由于评价对象具有不同"质"性，因而不具有可比性。所以，在评价活动中，必须对评价对象进行科学、准确的类别划分，这样才能够最大限度地使不同评价对象间具有可比性，从而保证评价结果的科学性。[2] 但是，正如目前法治评估指数所面临的科学性质疑，法治能否量化? 现有的法治评估实践在一定程度上展示了指标设置、数据收集及指数计算的先进方法与技术，同时也引起了对法治评估方法科学性的争论。评估学意义上的方法在多大程度上适用于对法治的评估? 域外法治评估的方法与技术是否或者在多大程度上可以被中国借鉴? 法治评估如何才能更科学? 提出这个质疑是可以理解的，毕竟价值判断是司法评价不可或缺的内容。[3] 正因为司法评价的公正等价值存在主观价值判断，所以我们不能完全套用纯粹的自然科学的观念方法。司法评价很难绝对量化，但也不是说绝对不能量化。事实上，许多过去认为无法量化的社会科学的研究对象已出现一种"指数化"的趋势。但是，我们必须认识到，司法无论作为一项原则、价值目标抑或具体制度，其内涵都极为丰富，将其转化为数字化标准即实现指数化的过程极其复杂，一方面，司法体制、活动具有国家垄断性特征，体系庞大且作为一个有机的整体发挥作用，使得对司法的评估涉及多层次、多维度的标准；另一方面，司法评价指标不全是由简单的统计数据或其他容易检测到的实验数据构成，一般会涉及价值判断，并且受制于部门利益与政务公

---

[1]　邱均平、文庭孝等:《评价学——理论、方法、实践》，科学出版社，2010，第 39 页。
[2]　孙学范等:《科研评价方法与实证研究》，石油工业出版社，2005，第 14 页。
[3]　钱宏道等:《法治评估及其中国应用》，《中国社会科学》2012 年第 4 期。

开程度，司法数据的采集并不容易，这些情况都会影响司法评价的客观性和准确性。司法评价不同于经济评价，在讨论法治评估的科学性问题上，需要更广阔的视野、更开阔的思路。①

第三节　系统性原则

所谓系统性原则，就是在司法评价活动中，应从系统的整体性、有机联系性、动态性和有序性等特点出发，遵循全面的观点，以防止片面、相互联系的观点，以防止孤立、发展的观点，以防止静止僵化，来进行评价，使评价更准确、更概况、更深化。系统论认为，任何系统都是一个有机的整体，它不是各个部分的机械组合或简单相加，系统的整体功能与性质是各要素在孤立状态下所没有的。系统中各要素不是孤立地存在着，每个要素在系统中都处于一定的位置上，起着特定的作用。要素之间相互关联，构成了一个不可分割的整体。要素是整体中的要素，如果将要素从系统整体中割离出来，它将失去要素的作用。司法评价研究的系统性原则就是把所研究和处理的对象当作一个系统，分析系统的结构和功能，研究系统、要素、环境三者的相互关系和变动的规律性，并优化系统观点看问题，世界上任何事物都可以看成是一个系统，系统是普遍存在的。大至渺茫的宇宙，小至微观的原子，一粒种子、一群蜜蜂、一台机器、一个工厂、一个团体。② 司法评价的系统性原则要求，在对被评对象进行评价时，要采用系统的观点，从整体上评价对象的各方面，而不是评价其局部或某一点。司法活动是由处于一定的相互关系之中并与外界环境发生密切关系的多要素组成的系统。完成司法机制运行活动，需要投入人力、财力、物力、时间，才能产生出一定的司法产品，所

---

① 参见钱宏道等《法治评估及其中国应用》，《中国社会科学》2012 年第 4 期。

② 魏宏森：《系统论：系统科学哲学》，世界图书出版公司，2009，第 254 页。

以对司法的评价活动不仅要考虑其司法产品的社会价值，也要考虑人力、物力、资金和时间等要素的投入，即从司法活动的投入和产出两个方面进行系统评价。同时，由于司法活动是一个复杂、多因素、综合的系统，各个因素之间又相互关联、相互制约，因此，对司法活动的评价不能使用单一的评价指标，必须从多因素出发，建立综合评价指标体系来进行综合评价。[①]

第四节　定性评价与定量评价相结合的原则

一般而言，定量研究指运用变量、假设、分析和因果解释而进行的研究。在分析过程中主要是对经验性数据进行数量关系分析，也就是说定量研究的资料以通过经验获得的数据为主，分析中需要将问题转化为变量关系，并通过量的测算和统计揭示事物量的特征及变化规律。定量分析方法通常为数据分析或统计分析，即对经验数据资料进行统计汇总并加以分析，以揭示数量关系及量的变化规律，由此检验理论假设。定性分析则主要凭分析者的直觉、经验，凭分析对象过去和现在的延续状况及最新的信息资料，对分析对象的性质、特点、发展变化规律作出判断的一种方法。定性分析是与社会事物与现象的性质和特征有关的研究，通常包括对事物的性质、质量、特征、意义和趋势的评价、估计、判断、再现和预计。相比而言，前一种方法更加科学，但需要较专业的数学知识，而后一种方法虽然较为粗糙，但在数据资料不够充分或分析者数学基础较为薄弱时比较适用。两种分析方法对数学知识的要求虽然有高有低，但并不能就此把定性分析与定量分析截然划分开来。事实上，现代定性分析方法同样要采用数学工具进行计算，而定量分析则必须建立在定性预测基础上，二者相辅相成，定性是

[①] 邱均平、文庭孝等：《评价学——理论、方法、实践》，科学出版社，2010，第 38 页。

定量的依据，定量是定性的具体化，二者结合起来灵活运用才能取得最佳效果。[①] 具体到司法评价的定性、定量原则，当代科学技术发展的显著特点之一就是日趋数学化。马克思认为，一种科学只有在成功运用数学时，才算达到了真正完善的地步。特别是电子计算机的广泛应用，使各门科学包括综合评价学都可能从已知数据中推论出未知的新数据。因此，定量分析与评价的地位和作用显得越来越重要。但司法评价又不可能离开定性分析与评价，一定要坚持二者结合运用。为了科学、客观、公正地评价司法活动，司法评价应该重视定量化，然而，由于影响评价的因素众多，许多因素具有模糊性、复杂性，因此，只有采用定性和定量相结合的评价原则，并将定性描述采取逻辑判断的方法进行定量化处理，这样才能对被评价对象作出准确、科学的评价。[②]

第五节　效验性原则

司法评价的效验性原则是指，通过司法评价活动可以达到对被评对象信息全面、系统和综合的了解，将被评对象的情况与预定的评价标准、目标和要求进行比较，判断被评对象目前所处的发展水平和程度，对被评对象进行效验，确定被评对象的水平和被评对象在评价体系中的位置，对合目的的给予肯定和鼓励，对不合目的的给予监督和警示。通过评价系统地收集、整理和分析评价信息，一方面为高层决策者提供依据，另一个方面为被评对象进行自我检查、自我诊断提供针对性手段，使被评对象通过系统的评价获得对自身优点与成绩的肯定，并发现自身的问题与不足，这有利于其对照评价

---

① 〔美〕纽曼：《社会研究方法——定性和定量的取向》，郝大海译，中国人民大学出版社，2007，第 24 页。

② 高燕云：《研究与开发评价》，陕西科学技术出版社，1996，第 176 页。

标准克服缺陷，加强建设，提高能力。[①] 对于司法评价活动而言，检验司法活动质量优劣的唯一标准是其实践的效果，即通过法律实践所反映出来的法律效果以及更为全面的综合社会效果——其对政治、经济、社会、文化、伦理道德等社会生活领域及其相应的社会关系的调整而形成的秩序状态。这是司法评价研究者首先要关心和考虑的。因为，司法评价研究的基本指向，就是一切以获得满意的预期法律效果和社会效果为已足，即必须把司法评价研究成果的实用性和有效性放在评价指标选定、权重设定和模型设计、建构的首位来考虑。它既以现实的司法及其实践的客观效果为出发点，也以对现实的法律及其实践的客观效果的改进和完善为动力，以理想的司法及其实践的理想的法律效果与社会效果为目的，来思考、设计和建构理想的司法评价体系。[②]

[①]　邱均平、文庭孝等:《评价学——理论、方法、实践》，科学出版社，2010，第36页。

[②]　姚建宗:《法学研究及其思维方式的思想变革》，《中国社会科学》2012年第1期。

第三章

司法评价的哲学基础

第一节　司法评价的认识论基础

关于司法评价"评价什么"与"怎样评价"的问题，实质上是关于司法评价的认识论问题。它是司法评价指标体系得以证立的基础性问题。一般说来，认识论是哲学体系中的重要组成部分，探究的是人脑对客观世界的反映。它既包括认识客观世界的能力，也包括人们认识客观世界的方式。下面，笔者将从反映论、实证论以及融贯论的角度分别阐明司法评价的认识论基础。

一　司法评价中的反映论：从表象到本质

司法评价是人们对司法活动的一种主观反映。严格来讲，人对事物的主观反映属于哲学领域中的认识论范畴。唯物主义认识论主张，人的认识来自于客观世界，并且是对客观世界的反映。人们对客观事物的感觉、诠释以及认知水平皆是客观世界在人脑的主观呈现。可以说，客观世界与人脑中所呈现的"镜像"之间是反映与被反映的关系。但值得警醒的是，人脑"镜像"与客观世界之间并非完全一致。由于人的认识水平、认识能力以及其他干扰因素的存在，人脑在反映客观世界的过程中，容易陷入经验主义的误区，从而致使人们对客观事物的认识仅停留在事物表面，即表象式反映。这既不利于人们明晰事物的本质，也不利于人们改造客观世界。因此，人脑对客观世界的反映，应当竭力从表象式反映向本质性反映转化。但是，众多的实践经验已经表明，人脑对事物表象与本质的反映并不依从于人的主观愿望——
这是唯物主义反映论与唯心主义先验论的根本区别——人们需要透过事物的
表象来发现事物背后的本质。当然，事物本质总是隐藏于表象与假象之下，
人们总需要经过各种尝试乃至失败才能够最终明白事物的原本样态。司法评
价的发展同样无法超脱这一认识过程。

人们对司法评价的认识经历了"表象式反映"到"本质性反映"的过
程。从全球司法评价的发展历程来看，各国司法评价机制各有不同。但正如
笛卡尔所言，"每一个实体都只有一种主要的性质，来构成它的本性或本质，
而为别的性质所依托"。[①] 因此，尽管司法评价的表现形式（表象）纷繁多
样，但它也只能具有一种本质。在此，我们仅以"司法绩效评价"（Judicial
performance evaluation）为例来阐明司法评价的"表象"与"本质"的关系。
从各国司法评价体系的建构历程来看，司法绩效评价构成司法评价的一种
初始样态。一般认为，绩效评价是指企业对工作人员职务行为及其效果的
内部考核机制。它属于行政管理领域中一种常规式的评价机制。但是，随
着美国《彭德尔顿法案》（Pendleton Act）的颁布，绩效评价在法律领域
中的作用愈加显著。美国政府以《彭德尔顿法案》为制度基础，先后出台
了《联邦政府生产率测定方案》《政府绩效与结果法案》《文官制度改革
法》等众多政府绩效评估法案，以保证行政机关运作的高效性。[②] 受此影
响，美国法院在法官制度改革（由普选制改为遴选制）中借鉴政府绩效评
估的成功经验，建立起一整套司法绩效评价制度。但与政府绩效评估制度
的目标不同，法院实行司法绩效评估机制的目的主要在于"弥补在遴选法
官过程中投票人掌握法官信息不足之缺陷而产生的一种法官绩效信息公开

---

① 〔法〕笛卡尔：《哲学原理》，关文运译，商务印书馆，1958，第 20 页。
② 参见胡晓东《论美国联邦政府公务员的绩效考核》，《天津行政学院学报》2010 年第
 2 期。

机制"。[①] 然而，随着司法绩效评估制度的普及，该制度除具有"信息公开"的功能外，更多地表现为法官职业水平的判断标准。[②] 目前，美国法院主要依据《司法绩效评价规则指南》（美国律师协会，1985）进行绩效评估，评估内容包括法律能力、司法公正、语言表达、管理能力等。[③] 实施该评价的主要目的是科学、全面掌握法官的职业水平，以保证司法判决的公正性。根据前述美国司法绩效评估制度的发展实践可以发现，美国法院对司法评价的认识经历了一个由浅显到深化、由单一目的到系统整合的过程，并且每一个认识的深化都受到客观世界变化的深刻影响。

　　我国的司法评价制度深受美国司法绩效评估制度和本土行政绩效评估制度的影响，并"照搬公务员考评的传统方法，笼统地考评司法人员的德、能、勤、绩、廉"等方面的业绩。[④] 这看似是一种"司法评价"行为，但它实际上仅构成一种表面化的、粗浅式的司法评价。这种粗浅性反映在三个方面。一是评价内容的表象化。公允地说，司法绩效评价制度对司法人员的德、能、勤、绩、廉等职业行为的评价虽然是对司法人员的日常工作表现的评价，但却陷入了经验主义的评价模式中。由于"德、能、勤、绩、廉"是对公职人员职务履行情况的评价，衍生于行政机关，并具有较为成熟的评价经验。因此，司法绩效评价制度极易演化成对司法人员的个人绩效评价，而非一种宏观的司法性评价。实际上，在评价内容中，除了能力与业绩之外，很难反映司法人员及其行为对国家司法公信力、司法公正的实际影响。而且，即便是对司法人员能力及业绩进行考评，也往往局限于案件审理数量、

---

① 　么宁：《美国司法绩效评价机制概览》，《人民检察》2012 年第 3 期。

② 　David C. Brody，Judicial Performance Evaluations by State Governments: Informing the Public While Avoiding the Pit falls，21 Just . Sys. J. 333(2000).

③ 　http://www.americanbar.org/content/dam/aba/migrated/jd/lawyersconf/performanceresource/guidelines/ABA Black Letter Guidelines for Judicial Performance Evaluation.authcheckdam.pdf.

④ 　马日梧、谢力：《检察管理：从量化考评到检察再造的科学发展》，《中国刑事法杂志》2009 年第 1 期。

上诉率或改判率、错案率等，评估的方位比较单一或浅显。二是评价方式的表象化。司法绩效评价主要依赖两种要件，即考评者自身的知识水平以及对被考评者的日常工作印象。这两种要件不仅主观性评价较多，而且可量化的指标较为少见。由此导致我国的司法绩效评价结果往往沦为司法机关内部人员之间的"印象"评比。而对于提升司法监督、司法公正、司法公信力等司法实效却收效甚微，以至于难以显示某一项司法改革在各级法院所产生的实际效用。三是评价目的的表象化。我国司法绩效评价制度设立的初衷并非在于对司法制度、司法效果以及司法公信力进行评价，而是一种"职务晋升管理"或奖励制度。这突出表现在绩效评价结果在职位评比和经济奖励中所占的比重。由此发现，司法绩效评价虽然构成司法评价的一种组成形式，但却停留在司法评价的初级阶段。也就是说，我国目前实行的司法绩效评价制度属于一种"表象式评价"，它未能反映司法改革、司法公信力以及司法公正等实质性司法要素的真实需求。因此，我国司法评价需要从"表象式评价"转向"本质性评价"，为我国司法改革以及司法公信力的构建提供依据。

前述对于司法评价的表象——"司法绩效评价制度"之中外发展历程的考察，为我们明晰司法评价的本质提供了两点前提性认识。一是司法评价存在"表象"与"本质"之分，并且是由"表象式评价"向"本质性评价"发展。尽管古希腊哲学以及德国古典哲学对于事物的本质抱有"怀疑论""无本质论"等否定性观点，但美国与中国的司法实践表明，人们对司法评价的认识正逐步从"表象式评价"向"本质性评价"过渡，并且"本质性评价"更加符合司法发展的规律。但是，我们对于司法评价本质论的肯定，应当坚持相对论的态度，即随着认识水平的提升，人们对司法评价的本质的认识有可能转变为"表象"。因此，对于司法评价的本质究竟为何物，在此不必急于下定论。二是以"有本质论"为基础，人们对司法评价的认识可以分为

"可反映论"与"不可反映论"。前者认为，司法评价是对司法活动的客观反映，随着人类对司法规律认识的加深，我们不仅能够把握司法活动的本质，同时也能够抓住司法评价的本质；后者认为，尽管司法评价是对司法活动客观规律的反映并坚信其存在的必然性，但是我们始终难以真正地触及这一本质。事实上，"可反映论"与"不可反映论"的分立违背了一个基本事实，即"表象"与"本质"是人们对同一事物的客观反映。既然被反映者是不可分的，那么人脑所形成的反映当然也是不可分的。因此，黑格尔认为，人只有通过事物的表象才能认识事物的本质。人脑所反映的客观世界既可以是事物表象，也可以是它的本质。表象与本质并不是完全分离的。[①] 也就是说，虽然当下的人们有可能无法触及司法评价的本质，但是司法绩效评估制度作为司法评价的一种"表象式评价"，却是能够在一定程度上反映出司法评价的某些本质性内容的，如法官的职业能力以及司法业绩等。因此，在一定历史条件下，人们能够进行相对正确的司法评价。

在目前司法体制改革背景下，司法评价的指标化设计以及推行，表面看来是旨在纠正历来评价机制与现实司法需求之间的悖论，并试图将司法改革的"宣传性"与"口号性"提升至实践层面，以更为直观的方式展现司法改革效果。实际上，从反映论的视角来看，司法评价的本质远非如此。我国当前的司法体制改革既需要助力"法治国家"的宏伟构想，又要满足"平等、公平、正义、自由"等现实需求。这是客观世界对司法改革路径的客观要求，也是人们对司法改革进行评价的现实基础。倘若司法评价机制的构建脱离上述现实需求，评价目标的实现也将大打折扣。因此，尽管司法评价在表面上看来是属于另一种形式的"司法绩效考评制度"，但它对于加快司法体制改革、夯实司法改革成效而言，不仅具有宏观层面的指向性，也能反映

---

① 参见〔德〕黑格尔《小逻辑》，贺麟译，商务印书馆，1980，第276页。

微观层面的改革效果，从而推动我国司法体制改革从实验性改革向实效性改革转变。因此，司法评价的本质不仅在于明示司法活动的实际效果，也在于发现这一法律现象背后的成因，以此为新一轮的司法改革提供必要的数据支撑。

二 司法评价中的评价论：从思辨到现实需求

哲学界对于评价论的研究，肇始于19世纪末20世纪初，而学说起源产生于实践检验标准的变化。一般认为，哲学在理论与实践上的分野，致使评价论衍生两种发展进路。一是价值论范畴中的评价论。价值论支持者认为，评价论是关于客观世界对人类而言具有何种价值的学问，"有价值"或"无价值"以及"有怎样的价值"构成价值说的实践追求。二是认识论范畴中的评价论。该理论立足于认识论，强调评价的认识本质。因此，认识论的支持者普遍相信，无论评价具有何种哲学意义，它都是人类对客观世界的一种认识。在此，我们不对价值论与认识论之间孰是孰非进行判断，而仅遵循认识论的发展路径来探讨司法评价的评价论基础。

从哲学的高度来看，司法评价问题虽然属于认识论范畴，但在本质上却是一个评价论问题，即"主体对客体属性是否满足主体需要的这种客观关系进行反映、评价"的活动。[①] 关于评价论与认识论的关系，我国学者冯平认为，评价严格来说属于人类的认识活动，它区别于人类的认知活动，因此，关于"客观世界是什么"的问题从来不是评价论的认识范围。事实上，评价论揭示的是"客观世界对于人的意义"问题，即客观世界究竟在何种程度上满足人的需要的问题。对于司法评价的评价论基础的探讨，实际上就是在探寻司法活动对人的意义问题，也就是司法评价的意义问题。对比司法活动与

---

① 陈新汉：《评价论导论：认识论的一个新领域》，上海社学科学院出版社，1995，第6页。

司法评价的具体差异，我们可以发现二者具有不同的哲学基础。大体上说，前者是客观存在的一种司法现象，后者是对前者的一种主观反映，并表明前者的现实意义。按照西方人本主义哲学的观点，哲学的根本问题不在于探求"存在为何物"，而是在于明白"存在对于人类有何意义"。在此，笔者并非否定本体论研究的价值，而是强调人类采取某种有意识行为的根本目的在于促进人类的生存和发展。因此，司法制度的创立，司法活动的实施仅构成人类有意识行为的客观反映，其需要通过某种方式来实现转化，以实现人类的发展。而这种方式就是人对事物的评价。实践证明，人类能够从自我行为的反思中得到进化。比如说，当司法程序的混乱导致司法不公正现象出现时，无论司法机关如何强调裁判的公正性，都无法提升司法裁判的公信力。此时，人们对于司法公正的需求将成为司法机关进行自我行为评价的动机，并且最终推动司法程序走向的公开化、严格化。由此发现，评价论构成客观行为与人的主观需求之间的中介，并为人类的发展提供经验支持。

然而，司法经验的获得并非司法活动与人们需求的简单结合，它需要一个合理的标准来保证评价的客观性、中立性以及全面性。具体而言，司法评价的开展优先需要确定一整套的评价标准，这是评价者对司法活动中诸多对象的判断尺度。只有判断尺度的确定才能抑制司法评价的主观性、恣意性，从而为受评价者以及社会公众所信服。然而，随着20世纪30年代利益法学走向成熟，法学与评价论的结合衍生出一种超越哲学意义的法学评价标准，即利益评价标准。但是，该评价标准中的"利益"不同于原旨意义上的"利益"，而是指人们普遍所希求的、能够产生有利法律地位的状态。例如法定权利、约定的责任分配方式以及司法审判中的证据制度。但是，费肯切尔认为利益评价标准并非那么完美，"人们可以探知法条背后存在的利益为何，但却无法查明：经常处于冲突状态的各种利益间，何者更为优先，何者更为重要，何者应退居其次"。[1] 因此，在西方也有学者认为，评价活动不需要也难以科学地确立某种评价标准，它体现的是人的主观意愿，受个人情感、智识能力以及环境的影响，具有先验性特征。然而，我国多数学者普遍认为，评价标准既包括经验性成分，也包括人们长久以来形成的某些不证自明的认识。尽管评价活动的主观性特征使评价标准难以实现完全的客观化，但评价标准的确立却能够在一定程度上减轻主观性评价、个体性评价的恣意性。[2] 而且，从司法实践来看，无论是社会文化的差异还是法治水平的不同，各国的司法实践都具有某些共同的规律。因此，即便司法评价包含主观性因素，但在符合司法规律的情况下，司法评价是能够从司法实践中抽象出某些具有普遍性的标准的。

在评价论者看来，评价可以分为自我评价与社会评价。其中，自我评价是指主体对自身的评价活动。其特点是评价主体与评价客体的一致性。在自我评价中，由于评价主体同时兼有主客体两重身份，这就导致评价结果的客观性饱受质疑，从而将自我评价置于他人认同危机之中。因此，自我评价的动机与结果往往仅指向主体个人。例如评价主体的自我反省等，而且在评价标准中往往增加"良心约束"标准来保证评价结果的客观性。然而，随着自我评价适用范围的扩大，评价的动机及结果不再局限于评价者本身。也就是说，当评价客体与评价结果的观察者不一致时，自我评价的主客体的一致性便被打破，同时"良心约束"标准的功能会有所下降。仍以"司法绩效评价制度"为例，从该制度的启动机制上看，绩效评估者与被评估者同为司法机关，因此它属于一种自我评价（也称为"内部评价模式"）。被评价者客观地反映自己的绩效情况，有利于评价者获得科学的结论。但从评价动机及结果

---

[1] Fikentscher, *Methoden des Rechts*, Band 3, S.382. 转引自朱晓喆《布洛克斯的〈德国民法总论〉及其法学方法论》，《东方法学》2014年第1期。

[2] 参见王玉梁《当代中国价值哲学》，人民出版社，2004，第95页。

来看，法官遴选依据这一标准导致被评价者难以客观反映司法活动的现实情况，从而导致司法评价结果的无效性。因此，目前的司法评价机制效果往往无法指导司法改革。所以，我国应当在当前的司法评价机制中加入"社会评价"，以增强评价结果的科学性、有效性。

通常认为，司法的社会评价是将司法活动的承受者作为评价主体，通过对社会公众的调查来反映司法活动的实际情况。相较于自我评价在评价主体上的单一性，社会评价在本质上属于公众评价（也称为"外部评价模式"），即由不特定的多数人针对某一对象进行的评价。陈新汉认为，由于公众评价的主体是由不特定的多数人构成的，并且评价者与被评价者属于不同的人。这样，评价主体的言论自由能够有效解决评价中的"良心约束"悖论。[①] 因此，单就评价结果而论，"与个体评价对应的社会评价更具有社会意义和探讨价值"。[②] 事实上，司法评价并非由单一评价模式来实现的。一般说来，司法评价既需要依靠自我评价来获知司法人员对于现行司法体系的真切感受，以便从制度实施者的视角明晰司法改革的空间；也需要从社会评价中发现司法活动对社会的真实影响。对于抑制社会进步、违背司法规律、有悖于公众意愿的司法制度，司法改革的推动者应当从社会评价中获得具体的改革出发点和改良经验。

当前我国对评价论的关注，正逐渐从"思辨性理性评价"向"回应现实需求"的方向发展。[③] 司法评价同样反映出这一转变。受法律实证主义的影响，司法评价被视为"一种较之认知更接近于实践（改造世界）活动的认识活动"。[④] 虽然司法评价仍然无法摆脱认识论的束缚，但司法评价可以从

---

① 参见陈新汉《民众评价活动中的悖论及解决的思考》，《山东社会科学》2004 年第 2 期。

② 李连科：《价值哲学引论》，商务印书馆，2001，第 130 页。

③ 参见旷三平《评价尺度的本体论诠释：抑或一个被"遮蔽"了的问题的"解蔽"》，《哲学研究》2003 年第 11 期。

④ 冯平：《评价论》，东方出版社，1995，第 31 页。

实践中找寻自身存在的现实意义。申言之，司法评价是对司法活动的评价，体现的是人们对司法实践这一客观现象的认识。无论司法评价如何凸显为一种人类的主观活动，它的现实根基保证了该主观活动之于实践活动（改造世界）的功用。并且，同一般的人类主观活动不同，司法评价从"思辨性理性评价"向"回应现实需求"的转化，表明了以评价论为基础的司法评价在认识论上的进步。现代司法评价体系已经认识到，无论主观思维多么发达，它都不会成为实践活动的主宰，相反，所有有意识的主观思维都是为实践活动服务的。这一转化既是司法评价对人的根本性的认可，也凸显了司法评价对司法活动的批判性。有学者认为，"重视评价问题，关键不是把评价概念纳入认识论范畴之中，而是确立评价活动在实践过程中的相对独立地位，切实看到评价对具体实践的批判作用"。[1] 因此，基于评价论的方向转变，司法评价由"思辨性理性评价"转向"回应现实需求"，是司法发展的一种必然趋势。

三　司法评价中的融贯论：从信念到体系

"融贯论"作为认识论中的一个重要理论，在哲学史上经历了多次变迁，并产生多种学说，如与基础论相对立的融贯论、与符合论相对立的融贯论等。在此需要说明的是，此处探讨的主要是与符合论相对立的融贯论，即关于命题体系中各命题之间的融贯关系的理论。为了明晰融贯论的基本主张，我们有必要以历史的眼光回顾它的发展史。通说认为，融贯论由古希腊智者柏拉图所创造，他在《智者篇》中宣扬一种朴素主义的融贯论。而柏拉图的融贯论思想为近代的笛卡尔、斯宾诺莎、莱布尼茨等学者所继承。他们将理性主义注入融贯论中，并认为融贯论是指理性系统内部那些不证自明的真理

---

[1]　陈新汉：《评价论研究的新进展》，《哲学动态》1999 年第 12 期。

观念之间的融贯性。① 笛卡尔甚至提出，人们可以基于少许的真理性前提，通过理性推理的方式获得真理性结论。显然，以笛卡尔为代表的近代融贯论陷入了一个思维矛盾之中，即将真理与客观存在视为相统一的东西。这一思维矛盾为黑格尔所诟病。针对近代融贯论的弊端，黑格尔从数学真理与哲学真理的区别进行区分，认为数学中的真理观的研究对象以及真理的形成过程不同于哲学中的真理观。② 从而批判融贯论真理观的狭隘性，并提倡以整体主义立场和体系化精神来看待真理的融贯性。布拉德雷也认为，"完美的真理必须如实地体现出系统整体的观念"。③ 然而，伴随着理性主义哲学和现代科学的发展，人们对于物质世界的认识愈加深化，并严重打击了传统符合论关于"人的认识与客观世界相符合"的观点。显然，在科学知识推动人类不断发展的时代背景下，人们无法从传统符合论中获得必要的哲学支撑。因此，融贯论成为人们探索人与世界关系的重要桥梁。近代融贯论在这一时期获得了长足发展，并在不断强化"不证自明的观念"到"体系化认知"的演绎推理模式的同时，开始使用实证主义方法验证真理的正确性。

　　事实上，司法评价作为人对客观事物的一种认识，它本身也具备鲜明的融贯论特征。一是司法评价的逻辑一致性特征。所谓"逻辑一致性"是指某一命题系统内各命题之间的一致性。假设在一个命题系统内既存在一个真命题，也存在一个假命题，那么，就该命题系统而言显然不具备逻辑一致性。同理，倘若在一项致力于评价司法公正的实际效果的调查中，评估者以"司法不公"作为评价指标。那么，尽管评价者可以通过反向论证的方式描述某些行为（如受贿、人情、上级压力等）对司法公正的影响，但它仅能够显示

---

① 参见曾志《西方知识论哲学中的真理融贯论》，《社会科学集刊》2005 年第 1 期。
② 参见黑格尔《精神现象学》（上卷），商务印书馆，1996，第 27~30 页。
③ 〔英〕布拉德雷：《真理与实在论文集》，牛津 1914，第 223 页。转引自李火林《关于真理本质的实践唯物主义批判和阐释》，《浙江社会科学》2002 年第 1 期。

哪些因素影响了司法公正，而无法说明哪些因素能够提升司法公正。因此，在某些命题系统中，如果两个命题符合逻辑但却不一致性的话，那么，该命题系统显然是非融贯的。由此可知，司法评价在满足融贯性的要求上必须是逻辑一致的。二是司法评价内部信念的相互支撑。在认识论中，融贯论的提出是为了克服符合论中唯心主义观点。罗素作为符合论的代表人物，宣称真理的本质是一种信念（命题），当事实符合信念时，信念才得以为真。也就是说，符合论将信念（比如以语言形式外化的信念）与客观事实的一致性视为认识的一种本质。然而，符合论强调事物与信念之间总是存在一基本信念，以此保证事物与信念之间能够得到证立。但融贯论认为，信念之间是相互支撑的，信念之间的融贯性构成了完整的信念体系。按照佩兹尼克的观点，信念体系应当具备以下条件：该体系是经证立的融贯体系；体系本身逻辑具有一致性且无矛盾；体系内部的诸信念之间逻辑自洽；人们借此能对客观世界形成稳定的判断。司法评价内部各指标之间的相互证立便印证了这一论断。在融贯论中，司法评价的证成只是关乎各信念（指标）之间关系的事情，对于司法评价而言，评价指标之间的逻辑关系保证了各指标之间的相互可证立性，并且各评价指标的选取理由与调研结果能够通过相互结合而获得一个可信赖的信念体系。

　　然而，对于司法评价的融贯性而言，从单一信念（指标）向信念体系的过渡看似简单，但其内在证立过程却纷繁复杂。现代融贯论者 Keith Lehrer 认为，融贯论从单一信念向信念体系的过渡，需要借助"接受机制"（acceptance set）来辅助人们接受某种信念。[①] 也就是说，司法评价者对指标的偏好性选择构成一套接受机制，倘若司法改革的评价者依据"接受机制"获得多个信念——例如司法公信力等级、诉讼与多元纠纷解决机制改革、律

---

　　① 参见徐向东《怀疑论、知识与辩护》，北京大学出版社，2006，第 484 页。

师制度改革、审判流程改革等——并且诸信念之间满足融贯性要求，那么，该信念体系毫无疑问地会被评价者所接受。但问题是如何使某一信念主张在获得信念体系的整体性支撑的同时，又能够为被评价者接受。言下之意是，在融贯论的支撑下，基于个人偏好所建构的信念体系能否获得公众（尤其是司法改革决策者）信服。按照融贯论的主张，倘若某一信念能够获得信念体系的支撑，并且该信念体系又满足融贯性要求，那么，该信念就能够被证立。事实上，依照上述证立逻辑，司法评价极有可能陷入"循环论证"的怪圈。为此，Lehrer 在信念与体系的融贯关系中间增加了"接受机制"。他认为，人们对信念、信念体系的证立不应局限于信念与体系的融贯关系，而应当从信念、接受机制、信念体系三者的融贯关系出发，探讨单一信念到信念体系的过程。其中，接受机制本身的融贯性是由人们惯常接受的事实所决定的。这些不证自明的事实不仅为单一信念向信念体系的过渡提供了现实基础，也将司法评价的信念基础从评价者的主观信念转化为不证自明的客观事实。由此化解了司法评价中个人主张与公众信服之间的矛盾。

在司法评价中，单一信念与信念体系的结合共同构成了一个完整的司法评价体系，而司法公正、司法公信力、司法文明、司法体制改革等无疑构成该体系的主要内容。其中，融贯性始终构成司法评价体系的内在要求，这尤其表现在以下方面。首先，司法评价体系需要满足融贯性要求。就一个完整的司法体系而言，除了司法制度之外，它同样需要一个维持各制度之间秩序稳定性、运行高效性的评价系统。该评价系统不仅在于保障司法体系的完整性，也在于防止司法体系的僵化，推动司法体系的进步。众所周知，法律是社会生活的规则化的抽象描述，随着社会的发展以及人类需求的变化，法律需要与时俱进。因此，对于奉法律为"圣经"的司法体系而言，它需要保持自身的灵活性，以保持司法体系与法律体系的融贯性。因此，需要通过司法评价来发展司法体系与法律体系之间是否融贯以及怎样保持融贯性。为此，司法评价构成司法体系融贯性的重要组成部分。其次，司法评价强调评价结果的全面性、体系性。这显然是融贯论真理观的重要要求。按照马克思唯物辩证法的观点，事物之间以及事物内部是普遍联系的，并且它们之间是对立统一的，任一事物的变化、发展都可能引发另一事物的变化。因此，对于司法评价而言，人们不能孤立地评价司法活动，或者仅评价某一司法制度的实际运行效果，而应当以普遍联系的视角，从单一案件、单一制度的评价中发现司法运作的系统性规律，并努力从主观信念中获得体系性的认识。由此可见，融贯论不仅反映在司法评价指标体系的融贯性上，也突出体现在司法评价结果的融贯性上。最后，司法评价本身具有融贯性。对于司法评价来讲，不考虑它与司法体系的关系，单就自身的评价体系建构和运行过程来讲，其内部各组成部分之间同样需要保持融贯性。理由在于：司法评价是对司法机关的具体活动进行的评价。在进行评价之前，司法评价本身应当优先具备逻辑自洽性，否则无法获得受评价者的信服。因此，对于一个体系化的司法评价而言，融贯性是其必须具备的条件。

第二节　司法评价的方法论基础

科学发展史证明，无论是社会科学还是自然科学，都需要完整的方法论体系作为支撑，否则它无法成为一种独立的科学。拉伦茨在论及法学的方法论基础时也认同这一观点。他认为，"法学之成为科学，在于其能发展及应用其固有之方法"。[①] 然而需要特别说明的是，在英美法国家中，法学方法论被视为司法的天然组成部分。原因在于：我国作为一个成文法国家，对立法的重视程度要远远高于司法。法学界通常是将司法方法论视为法学方法论

---

① 梁慧星：《民法解释学》，中国政法大学出版社，1995，第80页。

的组成部分。而在英美国家，法学界均认为立法属于政治学家或者社会学家的研究领域，而并非法学家的研究范围。法学家主要研究的是司法现象。所以，司法方法论被视为支撑西方法学研究的基本理论。[①] 因此，拉伦茨所言的"法学方法"实际上指的是司法方法。但是在我国，法学界对司法方法论的重视程度远远不够。就目前司法方法论研究现状来看，与其说是对方法论的研究，不如说是将方法与方法论混为一谈，仅是对司法方法的研究而已。即便司法理论需要方法论作为支撑，但我国对这一领域的研究仍略显薄弱，更无须说对司法评价的方法论研究了。然而，研究的弱势并不意味着司法评价可以逃离方法论的支撑。事实上，司法评价不仅需要方法论作为支撑，而且从方法论获得具体的方法支持，比如系统方法、实证方法以及诠释学方法等。此外，对于司法评价而言，方法论为司法评价提供科学的方法指引，通过确定化的指标及实证性论证过程，实现司法评价的预期目标。下面，我们将从系统论、评价法学以及诠释学循环三个角度分别详述司法评价的方法论基础。

一　司法评价中的系统论

系统论者认为，事物本身既是一个完整的系统，同时也是一个更大的系统中的组成部分。从物质世界的构成来看，它可以分为自然系统、社会系统以及精神系统。当然，每一个大系统内部也包含着无数的小系统，由此构成一个网状结构的系统集合。本节所言的"系统"是指方法论意义上的系统，即"按照事物本身的系统性把对象放在系统的形式中加以考察的一种方法"。[②] 在法学领域中，学者们对系统的描述各有不同。作为系统论与法学知识的融合的首创者，德国法学家尼克拉斯·卢曼将系统方法论引入法学领

---

① 陈金钊：《司法方法与和谐社会的建构》，北京大学出版社，2009，第48页。
② 汪泓等：《管理信息系统理论与实践》，清华大学出版社，2011，第20页。

域，并通过社会系统与法律系统相互作用来阐释法律的进化过程。他认为，法律系统构成社会系统的一个子系统，它受社会系统的影响并反作用于社会系统。在法律系统内部，法律能够通过"自我指涉、自我再生产、自我观察、自我描述"来推动自身的进化。① 而卢曼系统法学的继承者贡塔·托依布纳则认为，法律系统除了保持自身的自治性、系统性之外，也同社会系统之间有着密切的联系。他试图通过"结构耦合"的方式解释法律系统与社会系统之间的信息交换，从而使法律系统摆脱了形式主义的危机，也推动了法律系统的进化。② 而我国学者季卫东在论及系统论方法时指出，中国的系统论法学发展的掣肘是系统论方法在法律现象中具体运用问题。其中，他着重指出了司法统计数据与司法现状的不一致问题，并认为这一矛盾直接影响中国法学关于司法的定性研究与定量研究结果的输出。③

　　虽然国内外学者对于系统论方法的认识有所不同，但总体来看，各种系统论观点已经形成了以下共识。①系统论方法具有整体性和关联性特征。一般认为，人们采用系统论方法去认识法律现象（尤其是司法现象），意味着以一种整体性的眼光来审视该现象。这里的"整体性"并非是指法律现象各组成部分之间的简单组合，而是指法律现象内部以及其同诸事物之间的关联性。系统论方法的运用补充了人类认识法律现象的方法。②系统论方法具有功能性特征。人类对系统论方法的运用总是以实现某种目标为前提，目标的不同决定了系统论方法能否适用于该项活动。因此，作为一种方法，系统的功能不仅有助于人类全面认识法律现象，更主要的在于它能够指导人们去改造法律，修改法律中的不适当规则。③有序性。系统论方法本身便构成一个

---

① 〔德〕卢曼:《社会的法律》，郑伊倩译，人民出版社，2009，第19页。

② 参见张玉洁《论法律系统的自创生模式及其进化——以法律文本中模糊语词的功能实现为视角》，《河北法学》2014年第5期。

③ 参见季卫东、齐海滨《系统论方法在法学研究中的应用及其局限——兼论法学方法论问题》，《中国社会科学》1987年第1期。

完整的系统。由于该整体性特征，系统内部各组成部分之间总是构成一种有序化的组合方式。但随着系统外部环境的刺激——如社会舆论对司法裁判的影响——这种有序性会发生相应变化，但是，系统内部各组成部分的关联性仍将保持系统本身的有序性。恰是基于此，司法裁判始终能够在法律规定的范围内作出。

上述系统论方法的诸特征不仅构成系统论方法的基本原则，而且蕴含着其内在运行逻辑。因此，Klir 认为，系统论方法是一种研究系统之间的相互关系，是解决系统问题的方法集合，其目标在于为适用者提供整体性的方法支持。[①] 在此，我们有必要对司法理论研究中的惯常方法加以简述，以说明系统论方法的特殊性。①社会学方法。该方法将司法体系视为社会控制理论的组成部分，并着重从社会目标及社会控制的角度来探讨司法活动带来的社会效果。而且从目前来看，法学界对社会学方法运用更侧重于社会效果对司法制度、司法公正以及司法权威的反作用，期望以田野调查、社会的微观观察、封闭空间内公众的反映来测度并改革现行的司法制度。②历史与比较的方法。一般认为，以历史方法研究司法理论往往考察的是司法制度及学说的发展史，从中反映某种古老的司法规律或司法原则。但当下的历史研究方法多与比较法相结合，更注重从历史考察中总结经验教训以解决当前存在的实际问题。③分析方法。按照分析对象的不同，司法研究中往往将分析法分为理论分析法与实证分析法。但通常认为"分析方法"是指基于实证的分析方法。实证分析法也称为"经验分析方法"，它强调从司法活动的实际情况出发，通过分析规范与事实、书本与具体行为以及静态司法与动态司法之间的具体差异，来发现司法实践中存在的实际问题，并针对这些问题提出有效的改革方案。除此之外，经济学、人类学、统计学以及政治学等学科的方法

---

① G. J. Klir, D. Elias, *Architecture of Systems Problem Solving*, New York: Kluwer Academic/Plenum Publishers，2003, pp.4-6.

均在不同程度上适用于司法理论的研究。从传统的法学方法构成来看，法学界倾向于将社会科学中的方法融合到法学研究中。而系统论方法之所以能够在法学领域中得到广泛应用，主要原因在于系统论引导下的系统方法具备一般性科学方法的主要功能，① 并能够在司法问题的研究中展现系统化、整体性解决路径。这是其他方法所不具备的特征。

回归本节的核心论点，系统论的应用给司法评价带来的显然是评价的科学性、系统性以及合逻辑性。作为一种方法论而言，这一论断当然无可厚非。但是，有学者可能会提出一种批判，即对司法活动的系统化评价的客观分析，可以发现它的一种弊端：评价方法的系统化并不能保证评价内容的系统性。也许从融贯论的视角作出回应——司法评价的融贯性能够保证评价内容的系统化——能够缓解司法评价的方法论危机。然而不可否认的是，融贯论的逻辑一致性特征固然能够为司法评价提供内在一致性保证，而且系统方法论与融贯论的某些暗合是司法评价作为一个科学的评价体系所必须具备的要素。但须知，最终支配司法评价的方法论基础（之一）的是系统方法论，而非融贯论。二者构成司法评价中不同层面的哲学根基。因此，以融贯论化解系统方法论危机的策略对于系统论的现实意义而言是有待商榷的。

事实上，在系统方法论的指导下，以系统方法所实施的司法评价未必能够全面、独立地解决所有事项。对于这一点，任何纯粹的系统论者都不会否认。但是，对于系统论方法以及司法评价系统而言，司法活动系统显然构成一种客观的外部环境，它远比司法评价系统本身更加复杂。司法评价系统需要凭借一系列方法实现信息转化方能反映司法活动的本来面貌。而以系统论方法为主的系统理论则历来强调系统与外部环境之间的关联性以及信息转换。并且，按照托依布纳的系统法理论，系统论方法本身也是一个兼具自治

---

① 一般系统论的创始者贝塔朗菲认为，系统论是以整体性原则和方法为核心的。而系统性方法则是指向系统内部各要素的关联关系和证立关系。

性与交往性、封闭性与开放性的自创生系统，其运行的内在逻辑基础是"合法／非法"这一二值编码。对于司法评价而言，系统论方法的主要功能在于实现方法之间（包括系统论方法本身）的整合和转化，即按照"合法／非法"为标准实现各种方法之间的整合及转化——例如社会学方法向实证分析方法的转化——从而将事实性信息从司法评价系统中剔除，将规范性信息纳入司法评价系统。

　　然而，面对社会系统及其内部子系统的复杂性，托依布纳不得不承认，法律系统很难直接转化、吸收所有的规范性信息。即便法律系统能够通过系统论方法的整合功能来保证各种规范性信息服务于司法评价这一目标。但显然，"合法／非法"的二值逻辑难以全面阐释司法评价的所有目标，为此，我们需要一种补充性原则来弥补系统论方法原有的方法整合和转化标准。托依布纳提出的解决方案是"把政治的和经济的自我描述吸收进法律并且引进政治权益、经济功用"。[1] 事实上，无论是政治权益还是经济功用，它们都只是改变了系统论方法在司法评价系统中的作用机制，而并未改变系统论方法本身。因此，我们能够相信，在司法信息由司法活动系统向司法评价系统的转化、输入过程中，系统论方法构成司法评价与司法活动之间、此方法与彼方法之间的重要桥梁。即便系统论方法不是司法评价的唯一方法，它也对司法评价起着至关重要的作用。

二　司法评价中的实证论基础

　　实证研究的哲学基础源于孔德的实证论哲学。他认为，只有经过实验或经验验证的事实才是正确的。在孔德看来，人类理智分为三个发展阶段：神学的或虚构的状态、形而上学的或抽象的状态以及科学的或实证的

---

① 〔英〕贡特尔·托依布纳：《法律刺激：诚信条款在英国》，马剑银译，高鸿钧、赖骏楠等主编《比较法学读本》，上海交通大学出版社，2010，第 268 页。

状态。① 其中，实证状态是人类理智发展的最高阶段。因此，孔德试图抽离出自然科学中的实证特性来为各门学科的研究提供实证论的哲学基础，并为社会改革提供依据。但事实上，孔德的实证论带有鲜明的主观唯心主义色彩。他将经验同人的主观认知联系起来，认为人脑对经验的实际感知才能表明事实的正确性。申言之，在人的主观感知尚未触及该事实的情况下，孔德认为人们无法认定该事实为正确的事实。由此可以发现，孔德的实证论否定了自然界与人类社会的客观性，忽视了客观世界是不以人的主观意志而转移的。因此，随着 19 世纪后半叶近代科学技术的日益发达，西方哲学家在孔德的实证论哲学的基础上，进一步提出了批判实证论和逻辑实证论。后两种实证论坚持可证实原则，并认为只有从感官经验中得到证实的事实才是有意义的。② 可以说，盛行于 19 世纪的实证论反对任何形式的先验性事实。当然，这一论断是在当时科技进步以及科学主义思潮的强烈影响下提出的。随着哲学的发展以及人类认识水平的提升，当前哲学界对于实证论的反思已经超越了原本的主观唯心主义的实证观，而倾向于以实验或经验研究的方式探索事物发展、变化的起因，并为人类推知事物的预期变化提供依据。

　　法律领域中的实证论是指"按照一定程序规范和经验法则对法律信息进行定性和定量分析"。③ 其功能在于以第一手实证材料支撑法律体系的发展。然而，中国改革开放以来 40 年司法实践的经验表明，司法改革虽然遵循着一种实验主义的改革进路，但改革的方向与依据却是政治性的而非实证性的，是单一性的而非系统性的。由此导致我国司法改革的发展进程甚为缓慢。从法律实证主义的视角来看，这一现象产生的原因在于司法改革的经验性成果不足，难以为后续改革提供动力及方向。也就是说，司法改革是一个

---

① 欧力同：《孔德及其实证主义》，上海社会科学院出版社，1987，第36页。
② 参见庞晓光《科学与价值关系的历史演变》，中国社会科学出版社，2011，第178页。
③ 宋英辉、王武良：《法律实证研究方法》，北京大学出版社，2009，第1页。

循序渐进的过程，每一个改革阶段的完成既有赖于前期经验的支持，也为后一阶段的司法改革提供新的经验借鉴。由此可以看出，"司法经验"应当构成一个完整司法改革周期的核心内容，司法改革的推动者需要围绕"司法经验"建构起一套司法进化序列，即"司法经验—修正式决策—实施—评价—新的经验"。其中任何一个环节的存在都与司法经验有着密切的联系，例如修正式决策对司法经验的需求、司法经验源自于实施过程、司法经验通过司法评价而获得。然而，我国当下的司法改革却过分强调政治逻辑在司法改革的作用，忽视了司法经验这一客观性前提，由此导致司法改革序列中经验性要素的缺失。为此，有学者认为，我国的司法改革应当从政治逻辑向事物本身的逻辑进行转化，并在实验性改革的基础上加强理论指导，以科学的方法来推动司法改革信息。[①] 而这些司法改革信息的搜集、整理就需要以实证性调研的方法，凭借司法评价体系来收集经验。

以实证论的视角审视司法评价的内涵，我们可以发现，司法评价希求的不仅仅是对个案进行实证探讨，而更倾向于从司法活动的实证研究中抽象出一般性的事实。按照这一逻辑，司法评价的实证论在实践层面的应用可以表现为以下三个过程。首先，关于个案的司法评价。对于司法机关而言，案件总是以个体方式呈现的——即便是存在群体性诉讼、公益诉讼等诉讼参与人数较多的案件，案件的审理仍旧是以个体案件进行处理的——因此，对单一案件的法官裁判技巧、诉讼结果、社会影响等事项进行评价，不仅能够反映单一案件在司法体系中的具体运行情况，[②] 也能够从微观角度出发，探索典型性案件所引发的司法公信力变化情况。例如彭宇案、许霆案以及佘祥林案等。尽管基于个案的经验或观察结果难以客观评价司法活动的本质，但对于

---

① 参见徐昕《司法的实证研究：误区、方法与技术》，《暨南学报》2009 年第 3 期。

② 鲁为、张璇、廖钰：《论"审判权统一行使"在基层法院的实现路径——以基层法院审判委员会的微观运行行为视角》，《法律适用》2014 年第 1 期。

个案的实证性评价确实能够反映我国司法体系的某些微观样态。其次，关于某一特定类型案件的司法评价。目前对于司法案件的实证研究，多是将案件类型作为区分，并经过案件的整理、对比、分析，从中找到该类型案件在司法裁判中的某些共性，从而为同类案件的审理、裁判工作提供借鉴。不得不说，这一按照案件类型进行的实证性评价既有利于发现同类案件的裁判规律，也能够清晰地反映我国或某一地区对与该类案件的司法态度，为"同案同判"提供了一种非制度性规则。但是，对某一类型的案件的实证研究，同样只能产生微观层面的评价效果，而无法撼动司法的制度性架构。因此它也难以推动司法改革的整体性进步。最后，关于司法制度的一般性评价。这里需要预先说明的是，"一般性评价"并非是指浅层次的评价或者说笼统的评价，而是通过司法实践的实证研究获得的抽象性的、共性的评价，例如司法公信力的情况、司法权配置的高效性、司法权威的树立以及司法公正的提升情况等。由此可以发现，在实证论的指导下，司法评价内部包含了一个从个案性评价到一般性评价的渐进式过程。人们无须严格遵照"个案—类型案件—制度"的评价程序，但最终均需要转化为"一般性评价"，毕竟司法评价的目的在于指导司法改革，而一般性评价更利于改革者明晰司法运行中的弊端。

事实上，无论是对于个案评价还是一般性评价，实证论均构成司法评价的方法论基础。但是一个必须澄清的命题是：实证论给予司法评价的客观性标准是什么？马赫认为，"实证论是一种认识论，它以澄清科学命题为己任，从而使实证的含义由世界观转向了方法论"。[①] 石里克在某种程度上认可马赫的观点，并指出实证论的真谛在于实证方法，它强调的是事物的可证实性而非证实的结果。由此可以看出，实证论者将"方法"视为实证论

---

① 转引自殷宏淼《实证主义对心理学的影响》，《社会心理科学》2014 年第 2~3 期。

的客观标准。实证方法的优劣、适当与否是决定人们发现事物一般性规律的重要因素。有学者可能对此提出批判：倘若将"实证方法"看作司法评价的客观性标准，不免造成"方法决定事物本质"的假象，从而坠入主观唯心主义的误区。[①] 然而，反实证论者却忽视了这样一个前提：司法评价本身并非一种客观存在的事物，它是对司法活动客观情况的一种主观反映。尽管司法评价的主观性难以消除，但实证方法本身的客观性是毋庸置疑的。因此，对于司法评价而言，实证论能够保证司法评价出发点的客观性、实践性，同时以实验法、调查法以及观察法等验证方法来提升司法评价结果的可信度。

从当前法律实证主义研究现状来看，司法评价中的实证方法有定性分析与定量分析、静态分析与动态分析之分，但总体而言，人们对司法评价的实证研究遵循着以下路径。（1）研究命题的假设。这里的"假设"并非某种给定事物的概念，而是指一种基本命题，如司法公正命题。当然，假设并不排斥概念，它是由基本法律概念组成的。"假设"的命题构成一项实证研究方法的逻辑起点，实证研究的目的在于证成或证否该假设。因此，有学者认为，"实证科学的最终目标是建立一套'理论'或'假说'，对尚未被观察到的事物作出有效且有意义的（而不是空洞平庸）推测"。[②] 所以，对于实证方法而言，"假设"既是它的始端，也构成它的终点。（2）研究样本及数据收集。研究样本是指实证研究的对象。一般说来，反映司法实践的数据、判决书、财政支出情况以及公众的感受等都可以成为研究样本。但根据研究命题的不同，研究样本往往会随之进行调整，以能够直观地说明司法实践的实际影响。对于司法评价而言，由于该命题指向司

---

① 〔俄〕A. M. 鲁特凯维奇：《德国社会学中关于实证论的争论》，戴凤文译，《哲学译丛》1994年第2期。

② 〔美〕丹尼尔·豪斯曼：《经济学的哲学》，丁建峰译，上海人民出版社，2007，第148页。

法改革的宏观效果，因此，在确定研究样本时，应当注重对各类司法制度的评价，以求为将来的改革提供经验借鉴。而样本数据的采集与整理则是研究者在研究样本以及研究目标的指导下进行数据获取与筛选的过程。它是直接关系到实证结果准确与否的因素。因此，数据的采集问题在实证研究方法中占有极其重要的地位。（3）实证分析及结果。实证分析是对样本数据展开的分析。从目前来看，统计分析法、回归分析法在司法研究中较为常见。除了易于掌握之外，能够直观地反映司法活动受何种因素的影响是上述两种方法得到广泛应用的主要原因。而实证结果（也就是"司法评价结果"）则在实证分析的基础上，从繁复的样本数据中抽离出影响司法制度的核心要素，并通过观察、辨析核心要素的数据变化获得的结果。整个实证方法的运行过程表明，尽管该方法离不开主观思维的影响，但也并非完全受到评价者的主观恣意性所控制。在评价标准、评价指标以及评价方法的客观性的保障下，以实证论为基础的实证方法的确能够为司法改革提供有益的方法支撑。

三　司法评价中的诠释学循环

诠释学循环产生诠释学哲学，并对以反思司法活动的实践效果为中心的司法评价具有十分重要的方法论意义。一般说来，无论是探寻司法实践还是寻找司法活动背后的规律，都在某种程度上依托"诠释学循环"方法的支持。从诠释学哲学的发展过程来看，诠释学经历了两次重大变革：一是"古典诠释学"向"一般诠释学"的转变；二是"一般诠释学"向"本体诠释学"的转变。[①] 法国诠释学家保罗·利科认为，第一次转变是诠释学的基本

---

① 参见付玉明《刑法的规范解释序论——刑法解释的诠释学论说》，《云南大学学报》（法学版）2011 年第 3 期。

方法论问题，而第二次转变则是基本本体论问题。① 而"诠释学循环"则产生于第一个转变阶段。因此，我们仅论及诠释学的第一次转向，即方法论转向，而本体论转向并非本节关注的重心，因此在此不予讨论。为了更为清晰地说明"诠释学循环"在司法评价中的方法论机理，我们有必要回顾诠释学的发展历程，以及诠释学循环的产生背景。

诠释学方法论的转变主要是受科学方法及实证主义泛滥的影响。施莱尔马赫正是察觉到这种泛客观主义与传统诠释学之间的矛盾，才将解释学按照哲学的方法加以系统化，并将解释学的重心置于"理解""解释"层面，而非停留在对文本的关注上。为此，他对诠释学哲学进行了两点建设性改造：①解释者应当遵从作者的内心，从作者的真切感受出发，来探寻文本的原意；②提出了文本的整体与部分之间循环解释的方法。而诠释学家狄尔泰同样感受到实证主义对于人类精神科学的渗透，而希求在精神科学与自然科学之间划清实证方法的适用界限。狄尔泰认为，实证方法只能作为自然科学中的方法，人们无法将自然科学研究中的思维范式与方法照搬于人文科学的研究中，因为自然科学中的方法无法清晰地展现人类的精神现象。只有诠释学才是精神科学的方法论基础，而诠释学方法的合理运用才能真正地探求人的精神现象。② 由此观之，施莱尔马赫和狄尔泰对诠释学的关注推动了诠释学的基本方法论的确立。

诠释学循环萌芽于古典修辞学，盛行于16世纪欧洲的宗教改革时期，其主要作用是用于圣经解释。它主张在文本的整体与部分之间形成某种联系，即文本的整体性解释依赖于部分解释，而文本的部分解释又需要从整体性解释出发。因此，在传统诠释学中，诠释学循环被视为"对文本整体与

---

① 参见成中英《本体与诠释：中西比较》，三联书店，2000，第298页。
② 参见〔美〕帕尔默《诠释学》，潘德荣译，商务印书馆，2012，第128页。

部分进行理解的一种方法"。① 这构成诠释学循环的基本形态。事实上，在该基本形态中，文本仅构成诠释学循环中的一个载体，它为整体与部分之间的循环解释提供了一种意义阐释空间。当然，既然诠释学循环是对文本意义的理解、解释，那么这就说明，该文本可能存在多种意义，而文本真实意义的确定则需要文本整体与部分之间的循环解释。由此推知，诠释学循环对于文本意义的追寻，是试图在具有多意义的部分与多意义的整体之间获取可能的、统一意义的方法。因此，我们可以发现诠释学循环的三个前提性条件：（1）文本的整体或部分均包含一种以上的意义，并且上述意义已经为人们所理解；（2）人们对于文本中整体与部分之间的某些意义存在不同认识，由此导致诠释学循环中存在多种无效意义；（3）对于某一文本，诠释学循环的最终结果只能获得一种正确的理解，即整体与部分相一致的文本意义。

以上描述构成诠释学循环的基本样态。倘若进一步衍申就可以发现，诠释学论者对于文本的探究并不局限于语言文字的书面表现形式，对于某些具有语言载体或意义载体功能的事物同样可以运用"诠释学循环"方法加以论证。例如，在诠释学论者看来，司法者进行司法改革，探索司法真谛的过程实际上是在司法的终极意义与国家司法制度建构者之间发生的循环论证。具言之，司法制度的建构者通过分析、评判现行或过往的司法实践，抽象出司法之于法治国家的意义，然后在修正现行的司法制度的同时，重新检视司法的真谛。如此循环往复，以发现司法的真正意义。除此之外，诠释学循环对于司法评价而言同样具有上述功用。一般说来，司法评价的直接目的是对司法活动的实际效果进行判断，并且反作用于司法实践。此判断的核心是将特定的司法事实诠释为司法改革所需要的信息。当然，人们对司法事实的诠释会受到主观判断的影响，因此，人们需要严格按照"诠释学循环"给予

---

① 段厚省：《司法中的诠释学循环——解读事实与法律的基本方法》，《南京师范大学学报》（社会科学版）2012 年第 1 期。

的理解路径，从司法评价的整体性意义出发来发现某一指标的确切意义，同时也需要从某一个或某一类指标的意义中反推出司法评价应有的整体性意义。为了获得客观的评价，首先需要明白司法评价的整体性意义与指标意义之间的关联性，即司法评价与各指标之间究竟存在何种解释关系。就司法评价的单一指标——如上诉再审案件中的改判率对司法公信力的影响而言，由于法官并非案件改判的结果承受者，他难以反映改判究竟在社会中产生何种影响。所以，倘若评价者力图探求司法改革（此为司法评价的整体性意义）与该指标之间的关联性，必须反复理解改判率、司法公信力及司法改革三者之间的意义及其关联。这实际上就是司法评价的诠释学循环过程。

如果说诠释学确立的是司法评价这一精神活动的方法论基础的话，"诠释学循环"则真正确立了探索司法评价中精神活动的方法。具言之，诠释学循环旨在解决的是司法评价这一精神现象的理解问题。秉持这一观念，伽达默尔认为，对于某一诠释活动而言，诠释者的思维前见具有十分重要的作用。诠释者的思维前见是指诠释者在理解文本的意义之前已经形成的某些先行给定的观念、思想。一般说来，承认前见的存在就必须认可人类理解的历史性。在这里，历史并非时间概念，而是指向过去的某些过程性经历等。人类在历史中产生前见、修正前见。因此，人们对前见的历史性的认识，不是去探寻历史中的真实情况如何，而是要去顺应历史，从历史中汲取经验教训，以便形成适用于当下的、正确的前见。因此可以说，人们对事物的诠释需要建立在自身前见性认知的基础之上，而且诠释者的前见在很大程度上会直接影响诠释结果。为此，人们需要在文本与诠释者意旨之间进行反复的循环，以修正认知前见中的偏差。① 当然，主张在历史中修正人类的某些前见，

---

① 〔德〕伽达默尔：《诠释学Ⅰ：真理与方法》，洪汉鼎译，商务印书馆，2007，第295~362页。

并非一力坚信"前见必然是不正确的",否则将陷入不可知论。"事实上,我们存在的历史性包括着从词义上说的前见,它为我们整个的经验能力构造了最初的方向性。"[①]

　　对于司法评价而言,"诠释学循环"方法的运用为评价者提供了一个论证精神活动有效性的立足点,它对当前的司法改革具有重要的意义。首先,"诠释学循环"方法推动了司法评价的意义重构。在司法体系中,无论是现行司法制度还是司法实践活动,都被视为包含司法意义的"文本"(或者说"意义载体"),而"诠释学循环"对于司法评价的作用则是将上述意义反映出来,并在司法的整体意义与部分意义之间达成一致,从而为司法改革提供方向性指引。其次,它重新明确了司法评价的历史定位。人类前见的历史性决定了司法评价同样需要遵循历史性。作为司法实践的一种评价活动,司法评价总是对特定历史时期的司法实践展开具体评价。因此,无论当时的评价者究竟如何评判司法实践活动,人们都需要明白,前历史阶段所形成的评价都只是对当时司法体系的一种评价。它可以作为后一历史时期司法评价的一种前见性认识,但人们不得盲从于此种前见性认识。评价者所进行的司法评价应在"诠释学循环"中获得司法改革的方案。最后,它促进了司法评价在精神层面的科学性。与其他"文本"一样,司法评价本身也是一种意义载体,但它所承载的意义寓于人的前见之中,体现于指标与指标体系之间。要明确某一指标的具体意义,既需要评价者从司法评价体系的整体性意义中寻求意义支持,又需要从指标本身的司法属性中获取具体意义。此一过程需要评价者在指标与体系之间反复论证,方能在指标与体系之间获得一致的意义。由此观之,"诠释学循环"在精神层面提升了司法评价的科学性。

---

① 〔德〕伽达默尔:《哲学解释学》,夏镇平、宋建平译,上海译文出版社,2004,第9页。

第三节　司法评价的价值论基础

在法哲学领域中，价值论在人们探寻法律本质中占有重要地位。一般认为，任何事物的存在都有其特定的价值，或者满足人们的生存需求，或者为人们探索客观世界提供工具，或者提升人类对于自身的认知。马克思认为，"'价值'这个普遍的概念是从人们对待满足他们需要的外界物的关系中产生的"。[①] 因此我们可以给"价值"下一个定义：价值是指客体对于主体而言所具有的意义，表现为客体对主体需求的满足。对于司法评价而言，价值论为我们提供了基本的认知取向，即司法评价对于司法改革而言是有用的、有意义的。以价值论为基础，司法评价中的价值具体表现但不限于良法善治、秩序、正义、公平、公正以及人权等内容。可以说，上述价值构成司法评价的价值论基础和支柱。它反映了司法评价的必要性以及现实作用，因此，我们对于司法评价的价值论基础的探讨，需要从各个具体价值中进行剥离、抽象而获得。基于此，本节以价值论哲学为始端，对司法评价的实际价值作进一步探讨。

一　良法善治

法治应当是良善之治。按照法治的历史进程来看，人类经历了两次大的变革：一是从人治到法治的变革，它将人类社会置于规则之治下，确保了人们能够从恒定的价值判断中发现自我存在，实现自我价值的可能；二是从依法而治到依法善治的变革。[②] 这是人类从千百年来"规则之治"中领悟到的

[①] 《马克思恩格斯全集》第 19 卷，人民出版社，2008，第 406 页。

[②] 参见张文显《和谐精神的导入与中国法治的转型——从以法而治到良法善治》，《吉林大学社会科学学报》2010 年第 3 期。

治理智慧。它集中反映了人们对于社会治理真谛的深刻认识。法学先贤亚里士多德曾就法治提出了以下要求："法治应包含两重意义：已成立的法律获得普遍的服从，而大家所服从的法律又应该本身是制订得良好的法律。"① 由此观之，有良法未必能善治。在十八届四中全会上，我们党清楚地认识到，"法律是治国之重器，良法是善治之前提"。只有良法与善治相结合，才能真正实现现代法治、民主法治。因此，良法善治的提出不仅意味着我们党对于"规则之治"的全新认识，更重要的是要保证法律的良善性和治理方式的可接受性。它是一种法治价值的体现。当然，文明的法治追求并不意味着文明的治理结果。"良法善治"虽然构成我国当前法治国家建设中的一项核心价值理念，但在缺乏评价机制的情况下，人们对良法的期盼、对善治的探索都将是空中楼阁——根基不稳而又充满危机。因此，对于我国法治建设尤其是司法体制改革而言，"良法善治"可以成为其核心价值目标，但实现这一目标的过程却需要注入某种评价机制，以保证司法改革走在"良""善"的正确道路上。

作为司法的组成部分，司法评价同样含有"良法善治"的价值理念，并且该价值理念寓于评价主体与评价客体之中。具言之，司法评价的"良法善治"价值包括两个价值尺度。一是主体的价值尺度，它是指评价者的需求与目的。对于任何事物而言，主体的需求总是能够彰显该事物的价值。这并不是说缺乏主体需求该事物便无价值，而是说事物的价值需要通过主体的某种需求或以实现某种目的的方式加以表现。在司法评价中，"良法善治"不仅为评价者提供了评价的目标，也满足了评价者的评价指标和评价标准选取问题。二是客体的价值尺度。一般说来，司法评价的客体包括司法公正、司法公信力、司法制度运行效率等。它们体现"良法善治"价值理念的性能及

---

① 〔古希腊〕亚里士多德：《政治学》，吴寿彭译，商务印书馆，1985，第199页。

效度。而评价者总是试图以各种评价方法来观测上述客体的具体信息，以探寻现行司法体系究竟在哪一方面存在缺陷，以便为司法改革指明方向。当司法评价的主体需求与客体性能保持一致时，就表明中国法治走在了"良法善治"之路上。

当然，对于司法评价而言，"良法善治"体现的是对司法活动的一种价值判断。这里不免会有学者提出质疑：良法善治应当指向立法，指的是"制定得良好的法律"。笔者承认，按照亚里士多德的法治逻辑，"良法善治"的确是指向立法，并且其内在蕴含的制度架构包含柏拉图的"哲学王"思想。具言之，亚里士多德将良法的制定归功于具有德性的立法者，这些立法者是由民众来组成的，他们除了具备优良的判断能力外，还受过专门的法律训练。① 但是，现代意义上的"良法善治"绝不仅限于立法层面，而应当从更高的层面上去理解"法治"与"良法善治"的内涵。② 单从现代法治的角度进行解读，"良法善治"不仅是对立法者的要求，也是对执法者和司法者的必然要求。有学者认为，"在法治的两个原则（指亚里士多德的两个法治要件——引者注）的关系上，良法原则是法治的实质，是法治的内容……良法（合乎正义之法）是法治的基础和灵魂"。③ 既然良法构成法治的核心内容，那么作为法治之组成部分的司法，同样应当满足"良法"的要求。而"善治"则是在遵照法律的规定又不拘泥于形式法治的前提下，履行法定职责。由此看来，"良法善治"不仅要强调制定法的合正义性，更重要的是要将"良善"之价值观合理地运用于法律实施之中，从而使现代法治国家治理处处彰显"良法善治"之价值。

---

① 〔古希腊〕亚里士多德：《政治学》，吴寿彭译，商务印书馆，1985，第187页。
② 有学者认为，法治本身具有多种价值性，并且各种价值的具体指向会随着社会变迁而发生变化。参见何志鹏《"良法"与"善治"何以同样重要——国际法治标准的审思》，《浙江大学学报》（人文社会科学版）2014年第3期。
③ 孟祥锋：《法律控权论：权力运行的法律控制》，中国方正出版社，2009，第71页。

从上述"良法善治"的价值定位可以看出，它作为司法评价的一个价值维度，具有以下几个方面的价值。

（1）凝聚法治的追求。拉兹认为，法治应包括两个方面：一是人们受法律统治并遵守它；法律能够指引人们的行为。[①] 而"良法善治"则是对拉兹"法治"观念的一种概括。一方面，受法律统治意味着人们须在法律允许的范围内做出行为，受法律"规则之治"的限制；另一方面，法律对人们行为的引导与人们遵守法律之间形成一种价值守恒关系。申言之，法律可以干涉人的行为，但这一干涉必须具备"良善"之本性——"法律不得强人所难"的法律古训便鲜明地体现了该价值判断。倘若国家凭借法律施行专制统治，那么，人们可以基于法律引导功能的失败而对抗国家立法。它体现的是一种动态意义上的价值守恒，法律引导与公民守法之间具有价值传递关系。因此，"良法善治"这一价值理念体现了人们对法治的追求。

（2）探寻司法的真谛。在英美法学界，立法常常被视为法律的始端，但却不是法律的重心，法律的真正重心在于适用。它或者表现在执法中，或者表现在司法中，但归根结底体现于司法之中。原因在于：立法确定了人们行为的规则，而司法却是对人们行为是否合乎规则的评判。因此，对司法评价而言，"良法善治"之"法"本身便包含法律适用之意，而"良法"则是指法律适用得当；"治"则蕴含着维护社会公平、秩序之意，由此推之，"善治"则体现一国司法水平的高低。所以，将"良法善治"作为司法评价的一种价值追求，并在评价实践中成为价值标准，是国家及人民对于司法真谛的一种探寻。

（3）引领司法改革。美国大法官霍姆斯认为，"法律的生命不在于逻

---

① J. Raz, *The authority of law: essays on law and morality*, Cambridge: Oxford University Press, 2009, pp. 214–218.

辑，而在于经验"。① 尽管该箴言意在反对兰德尔"使用纯粹逻辑的方法来构建法律学说"的论断，② 但却不影响我们在司法评价的价值层面上来探讨经验的重要性。按照霍姆斯的学说，司法经验并不等于司法实践，它是人们对司法实践进行理性评价的结果，而非实践本身。由此推之，霍姆斯对"经验"的推崇，实际上是以进化的视角来建构一套"实践——经验——改革"的司法发展之路。申言之，倘若司法谨守现行法律体系的"规则之治"，那么，对于司法而言，法官则是"法律的自动售卖机"，而法律本身也将成为一本僵化的教条。这显然扼杀了司法的本质。因此，从霍姆斯的学说中，我们可以发现"良法善治"价值理念的内在体现，该价值能够推动司法改革的进步。

一般认为，司法评价既是对司法机关运行效率的评价，也是对司法活动的实际效果的评价。良法善治作为司法评价的一种价值性因素，体现的即是对司法机关运行效率和司法活动效果的关注。但值得注意的是，与伦理学、人类学中"善良"不同，"良法善治"的真谛并非是指善良的人性、品德，而是指与形式法治观相对立的一种价值理念。就司法评价而言，"良法善治"反对按照严格规范主义的进路来探寻司法活动的实际效果，相反，它主张一种便宜主义的评价进路，即评价者按照评价目的，在权衡各种司法制度的具体考量的情况下，有选择性地接纳司法信息，防止司法评价的僵化性。此外，"良法善治"也体现为对效率的追寻。这主要是评价者对"善治"价值的回应。前述已经表明，"善治"之"善"不在于凸显司法机关的仁慈，这有违司法机关依法裁量的法定职能。事实上，对于司法评价而言，"善治"主要体现评价的高效性，即利用有限的评价资源——如人力资源、信息资源、

---

① 〔美〕小奥利弗·温德尔·霍姆斯:《普通法》，冉昊、姚中秋译，中国政法大学出版社，2006，第 1 页。

② O. W. Holmes, "Book Notice," *The Ameirican Law Review*, 1880,(14):233-234.

财力支持等——获得最全面的评价结果。当然，高效性仅仅体现了司法评价的一个价值维度。在司法评价必须达至的目标中，"善治"所追寻的高效率不足以成为司法评价之价值的最终支持。它只有与"良法"相结合，才能保障司法评价具有正确的价值引导。

二　秩序

秩序是法律追求的永恒价值之一，同时也构成司法评价的基本价值。秩序是自然、社会乃至国家的根基，是一个国家可持续发展的基石。一般说来，秩序是与无序相对的，并通过对无序状态的治理实现自身的价值。有学者认为，无序是指"断裂（或非连续性）和无规则性现象"。[①] 它反映了事物之间关联结构的无规则性。在任何社会，这种无序状态都是无可避免的，并且同秩序一样，构成一个社会生活的一种状态。但是，无序性导致的生活水平下降、经济疲软以及生命与财产危机使得人们总是致力于消除这种消极状态。因此，无论是国家还是公众，都将秩序视为人类发展的一个基本前提。博登海默在探讨秩序与规范的关系时指出，私人交往与政府工作都需要保持一种有序的状态，但是倘若没有规范作为支持，那这一切都无从谈起。[②] 即便人们将无序性视为社会进步的潜在动力，但最终保障人类文明持续发展的价值却是秩序。由此看来，人们不仅希求在彼此之间确立某种秩序，而且希望通过国家立法的方式实现秩序的常态化。一旦发生破坏现行秩序的行为，人们便可以从人际关系的惯常处理方案和国家立法中得到支持，以便控制该无序行为，从而确保社会的有序化发展。

多数学者认为，当前社会中存在两类秩序价值：一是凭借国家权威，通

---

① 蔡道通：《犯罪与秩序——刑事法视野的考察》，《法学研究》2001 年第 5 期。

② 参见〔美〕博登海默《法理学：法律哲学与法律方法》，邓正来、姬敬武译，华夏出版社，1987，第 224 页。

过立法方式建立的秩序。该方式在本质上属于建构性秩序，是基于社会发展的需要进行的有意识的设计。它依靠国家强制力保证实施，并通过各级国家机关得以运行。为此，哈耶克认为，"在社会中，秩序（指建构秩序——引者注）必须以一种命令与服从的关系为基础……决定着每个个人所必须做的事情"。[①]但是，建构秩序的载体——法律显然难以触及社会生活的各个角落。因此，倘若承认建构秩序的合理性的话，同样也必须承认另外一种秩序：它并非基于人为设计的方式产生的，而是通过人与自然、社会以及他人之间的交往习惯得以形成的，哈耶克将之称为"自生自发秩序"。作为建构秩序的对立面，该秩序的产生无需遵循特定的目的，而仅是社会内部规律相互作用的结果。对于动植物而言，这可能被视为"本能"。但对于具有能动性思维的人而言，该秩序则被归因于人类长期经验积累与传承的结果。因此可以说，自生自发秩序是"进化过程的产物"，而非"任何人刻意创造的秩序"。[②]埃里克森通过对美国加利福尼亚州夏斯塔县的田野调查验证了哈耶克的理论学说，并提出法律之外的非正式规范同样能够在人们之间确立某种社会秩序，以实现人际关系的有序化。[③]

两类秩序价值共同作用于司法领域，并主要表现为三种形式。①司法机关的结构健全性。这是关于司法机关层级设置以及各职能部门的具体职权分配的问题。在司法系统中，司法机关是整个司法体系得以运行的硬件基础，它构成司法体系的骨架，每个司法制度的运行都需要司法机关及其

---

① 〔英〕F. A. 哈耶克：《法律、立法与自由》，邓正来译，中国大百科全书出版社，2000，第54~55页。

② Evans-Pritchard 认为，社会中存在某种秩序，它支撑着人们去做好自己的事情，并满足人们的基本需求。参见 E. E. Evans-Pritchard, *Social Arthropology*, London: Oxford University Press,1951, p.49。转引自〔英〕F. A. 哈耶克《法律、立法与自由》，邓正来译，中国大百科全书出版社，2000，第56页。

③ 〔美〕埃里克森：《无需法律的秩序——邻人如何解决纠纷》，苏力译，中国政法大学出版社，2003，第1页。

工作人员予以实施。因此，司法机关结构的健全性构成司法体系的内在秩序。②司法制度的运行秩序。众所周知，司法体系是由众多司法制度凝结而成的制度集合。每一个制度都有其独特的功能和作用，例如案例指导制度和错案追究制度。秩序价值的存在就在于保证各制度之间互为补充，相互支持。从而使得整个司法体系形成一个各制度良性运行的、有序化的整体。③将社会中的无序因素限制在可控范围之内。社会中的无序因素——例如杀人、抢劫、继承纠纷、合同纠纷等——构成司法体系得以长期存在并不断衍化的根本。众所周知，司法机关最主要的职能便是审判职能，其目标是息讼止争，也就是将社会中的某些无序状态重新置于法定秩序之下。矫正后的秩序未必能够回到它的原初状态，但至少能够保持在法律允许的范围之内，即法定秩序的状态。因此，对于秩序这一价值理念的理解，既可以将其视为某种平和的状态，也可以将它看作人与自然、社会、国家之间得以融洽相处、彼此依存的先验性规则。

具体到司法评价领域，秩序价值则意味着打破现行司法制度的不合理状态，并以司法改革来确立新秩序。因此，司法评价中的秩序价值体现为重构性秩序。但是，"重构性秩序"并不意味着是一种纯粹的建构秩序。实践证明，无论是建构秩序还是自生自发秩序，它们在社会中都不是完全独立存在的。换句话说，建构秩序与自生自发秩序总是相互融合、相互支撑的。法治秩序的建构不得违反社会发展规律、道德规范、风俗习惯的内在规定性。因此，对于司法评价而言，它本身所具备的秩序价值兼具建构秩序与自生自发秩序的双重特征。从制度层面来看，无论是司法评价本身还是评价客体，都是依靠国家权威确立的制度性架构，其秩序无疑体现为一种建构秩序；而从司法评价的运行机理来看，评价者往往是通过考察社会自生自发秩序与国家建构秩序之间的矛盾，来获取司法制度运行中的现实弊端，并以此为依据推动司法制度的改革。因此可以说，社会自生自发秩序构成司法改革者进行司法秩序重构的社会根基。在这个意义上，司法评价的秩序价值深含社会自生自发秩序的规律。尽管司法评价的秩序选择整体上更接近于一种建构秩序，但它仍是通过两种秩序的交织来实现的。

　　司法评价的秩序价值在于它将现行司法体系中的某些无序性因素，通过实证性评价的方式剔除出司法系统，并凭借评价结果来提升司法公正和正义水平，以此推动司法的进步。从这个意义上来看，司法评价的目标是只是减少现行司法体系中的无序活动，并防止该无序活动成为社会不稳定因素爆发的"导火索"。司法体系对无序性因素的秩序化安排，关键在于司法体系本身能够形成一套完整的评价机制，这是无序向有序转变的制度基础。当然，这种转化是有限度的：一方面，司法评价根本无法通过一次评价活动而全面抑制或消除这种无序性；另一方面，司法体系的稳定性要求司法评价不得触及司法根基，否则一国的司法体系有可能崩溃，由此引发的一系列效应会使得整个国家机器瘫痪。这种转化的有限性亦是我国司法改革分步骤、有规划进行的根本原因。因此，司法评价对秩序价值的追逐，不应将完全的秩序化视为目标。评价者应当认识到，只要该无序性能够限缩在国家、公民及社会组织所能承受的范围之内，司法体系就得以正常运行，司法的公正性及维护正义的使命就能够实现。

　　从上述论述来看，秩序价值既是司法评价的标准，也是它的目的。从而表明司法评价在防止司法无序性上的不可替代功能。理由在于任何法律制度的建构目的都是在于确立并保护某种秩序。但是，司法评价的特殊之处是，它的目标不仅是维持人与国家、社会以及他人之间的有序状态，同时也在于修复其中的无序性因素，推动司法制度的进步。因此，秩序通常构成制度设计的价值基础。司法评价作为司法体系中的制度架构之一，当然具备维护秩序价值这一功能，更主要是司法评价的存在能够满足人们对于司法秩序的追求，并防止司法转变为"必要的恶"。由此推知，承认和实现司法评价的秩序价值，既是司法评价自身合理性的证立，也是司法改革的必然要求。当然，司法评价中秩序价值的存在并不意味着司法秩序的良好运转。相反，恰是由于司法机关察觉到本身存在某些无序的行为，才需要通过司法评价的方式进行自我监察。可以说，司法的无序性不仅是构成司法评价的秩序价值存在的根本原因，也成为司法评价中秩序价值的衡量标尺。由此看来，秩序价值本身应当充满张力，它既要具备化解、吸纳某些无序性司法制度、司法行为的能力，也要能够在现有的秩序框架内进行自我调整，完善整个司法体系的秩序。

三　正义

在法学界，正义不仅被视为法律哲学研究中的核心概念，而且也被看作司法的基本价值。司法天然是在追求正义的实现。然而，司法正义是相对于非正义行为而言的，并且一定历史时期中的正义观念总是根据社会需求的变化而有所变化。为此，博登海默认为，"正义有着一张普洛透斯似的脸 (a Protean face)，变幻无常、随时可呈不同形状并具有极不相同的面貌"。① 倘若忽视正义的有条件性，那么，无论对于司法理论还是对于司法实践而言，正义价值的评判都将陷入混乱之中。

作为司法的基本价值之一，正义理论的发展充分说明了人们对于正义问题判断标准的变化。古希腊时期，柏拉图在个人德性与国家制度设计的层面探讨了正义问题，并将"正义"定义为每个人各司其职、各尽其能。而在亚里士多德看来，正义是两种要素——事物和接受该事物的人之间的组合，并认为相等的人应该配给相等的事物便是正义。② 显然，亚里士多德将正义的

---

① 〔美〕博登海默:《法理学——法律哲学与法律方法》，邓正来译，中国政法大学出版社，1999，第252页。
② 〔古希腊〕亚里士多德:《政治学》，商务印书馆，1981，第48页。

价值性寓于平等之中。对于托马斯·阿奎那而言，正义是以公共福利为目的的。当国家权力限于法律之内，并且法律的意义旨在促进公共幸福时，便是正义。① 遵循阿奎那关于公共幸福的洞见，密尔将功利主义引入到正义理论中，并宣称正义就在于满足最大多数人的最大幸福。康德在自由层面上发展了正义理论，他认为，正义是"一些条件之总和，在那些条件下，一个人的意志能够按照普遍的自由法则同另一个人的意志结合起来"。② 自由主义者以此为支撑，发展出一种自由属性的正义理论，例如：哈特将正义视为人的自由行为，除非有正当理由，人的自由不得被干涉。由此看来，法律中的正义价值并非一成不变。社会发展及人类需求的变化将推动正义理论的进步。前述"平等说"、"功利说"及"自由说"三种正义理论的衍进过程便印证了这一论断。

然而，进入 20 世纪，伴随着社会的发展及法治的进步，上述三种正义理论的分野已经严重阻碍了法治的发展。为此，美国自然法学家罗尔斯将"平等说"与"自由说"加以整合，形成了现代正义价值观。他认为，正义应当包括三个原则，并且三个原则之间按照重要性递减规律排列：一是"平等的自由"原则；二是机会的公正平等原则；三是差别原则，即在保持正义的情况下，给予最小受惠者最大利益。③ 由此发现，无论是基于柏拉图的正义理论还是从罗尔斯的正义原则来看，正义不仅构成人类社会得以存续的重要要件，而且内化到各种社会规范之中，例如：风俗、职业惯例、道德、法律等。司法作为社会规范的重要组成部分，非但具有正义这一价值属性，而且

---

① 参见〔意〕托马斯·阿奎那《阿奎那政治著作选》，马清槐译，商务印书馆，1982，第 105 页。

② 参见〔美〕博登海默《法理学——法律哲学与法律方法》，邓正来译，中国政法大学出版社，1999，第 255 页。

③ 参见〔美〕约翰·罗尔斯《正义论》，何怀宏等译，中国社会科学出版社，1988，译者前言，第 7~8 页。

兼具强制性的正义矫正功能。这是其他社会规范所不具备的。

聚焦司法评价的正义价值分析，我们可以发现，前述对于司法正义的论述恰是司法评价的理论根基。无论是从正义对司法的价值来看，还是将司法的正义属性予以延伸，司法评价中正义价值都构成司法正义的重要组成部分。而且，司法评价所追寻的正义价值源出于社会正义、司法正义，却又有别于二者。按照英国社会哲学家霍布豪斯的观点，社会正义主要是指"确定能够使每个人为社会幸福作出充分贡献的制度安排"。[①] 它更强调社会生活中的分配正义。而司法正义恰恰与其相反，它实质上是一种对非正义行为的矫正结果。与社会正义的原初状态相比，司法对非正义行为的矫正未必能够回到社会正义的原点。其原因是：司法裁判的结果是否完全达到社会正义的原初状态既是一个不可测度的问题，也是司法者所掌握的资源与才智难以企及的。因此，司法正义总是将社会非正义调整到人们可接受的程度，而非恢复社会正义的原初状态。中共十八届四中全会将正义的实现融于制度运行中，并"坚持以事实为根据、以法律为准绳，健全事实认定符合客观真相、办案结果符合实体公正、办案过程符合程序公正的法律制度"。由此来看，正义的实现不仅需要得到公众的认可（尤其是当事人的认可），同时也需要在制度层面加以保障，以保证司法正义的常态化。

司法评价中的正义价值虽然兼有分配正义与矫正正义两种属性，但根本上表现为一种评价性正义。该论断主要是基于以下两种理由。其一，分配正义与矫正正义分别构成司法评价的正义价值的前提预设，保证司法评价的合正义性，但司法评价本身既不直接承担分配社会资源的职能，同时也无法直接矫正非正义行为。它仅是沟通分配正义与矫正正义的桥梁，并通过对司法活动的反思形成关于现行司法体系的某种判断，并反馈至司法制度的建构

---

① 〔英〕霍布豪斯：《社会正义要素》，孔兆政译，吉林人民出版社，2006，第29页。

者。因此，分配正义与矫正正义在司法评价中均反映为弱正义属性。其二，司法评价对司法正义的判断并非基于感官直觉的直接描述，而是评价者在主观判断的基础上形成的、经过改造的司法正义之面貌。显然，司法评价中的正义价值不是"经由纯粹的感官直觉就能够正确运用的"，而是需要"对之进行精神上的理解"的正义。[①] 其中那些表达评价的概念常常被视为具有规范意义的概念，例如违反法定义务、渎职、徇私枉法等。倘若评价者对司法者的某种行为作出上述评价，则意味着该司法行为的不正义性，即便评价者无法给予该司法行为任何形式的惩罚。但该评价显然具有显示司法行为是否合乎正义的价值。因此，司法评价中的正义属于一种评价性正义，它对司法的非正义行为进行判断但不作惩罚。

由于司法评价对于正义的界定是主观性的，所以它经常被认为是不确定的、缺乏客观标准的。然而，一个被忽略的重要事实是，正义总是与非正义相对立的。既然人们难以从正当行为中抽离出正义的确切定义，那么，一种反向论证的方式也许能够帮助人们来理解何谓正义。在这里，反向论证指的是从正义的反方向——非正义着手，来探究司法评价中的正义价值究竟应当是什么的问题。事实上，司法评价的正义总是以某种特殊的方式指向司法非正义。我们将使用一则虚构的案例来说明这一问题：假设一条法律规定，盗窃3000元以上者构成盗窃罪。现在有A、B两起盗窃案，犯罪情节基本相同，但A盗窃犯共窃得2999元，B盗窃犯窃得3000元。同一法官先后对A与B盗窃案进行了审理，结果是判处A盗窃犯返还2999元赃款，并处罚金2000元；而判处B盗窃犯返还3000元赃款，并处3年有期徒刑。倘若根据盗窃数额来辨别裁判结果是否合乎正义，那么显然对于B盗窃犯而言，判决是非正义的。但是我们在进一步思考会发现，当我们认为1元之差导致法官对B

---

① 〔德〕英格博格·普珀：《法学思维小学堂：法律人的6堂思维训练课》，蔡圣伟译，北京大学出版社，2011，第9页。

盗窃犯的判决是非正义的时候，我们并不能肯定地说，对 A 盗窃犯的判决一定是合乎正义的。事实上，正义只有与非正义进行对比才能显示本身的价值。除此之外，我们无法说明正义究竟为何物。

　　对于司法评价的正义价值而言同样如此。非正义既是正义价值对立面，也是正义的组成部分，因为正义部分地源自于评价者对非正义的矫正。基于此，非正义便可以和那些用来证明某一行为合乎正义的证据共同构成评价者判断正义的标准。有学者对此不免提出以下质疑：非正义以及其他正义标准只能构成正义价值判断的充分非不要条件，虽然评价者能够从非正义行为中断定该行为的对立面是合乎正义的，但在无法确知何种行为属于正义行为的前提下，评价者同样无法知道何种行为属于非正义行为。这是质疑者对正义的"循环证立策略"的主要诟病。然而，质疑者的批判表面上极具说服力，但仅是对司法评价中正义价值的界定方法的质疑，并未触及正义价值本身。事实上，蔽除证立方法上的弊端，评价者在理性的视角上有力回击了质疑者。一般说来，司法评价者对于正义的判断虽然包含主观判断的成分，但它仍是理性判断的产物。这种理性判断被认为是在一定程度上能够经受得住经验检验的判断。它往往通过以下两种路径予以证立：一是将涉及某一规范性问题的事实统筹考虑，综合判断；二是能够通过多种学科的方法进行交叉验证。这样得出的理性判断既非通过纯粹的演绎推理所得，也非经由纯粹的归纳推理获得，而是通过多种逻辑方法的交叉论证。因此，即便评价者对正义的判断存在主观性，但基于司法者长期的经验以及由此衍生出来的理性，司法评价者对正义的认知、把握仍是能够获得人们信任的。这些信任"依赖的乃是累积的理性力量，而这些力量则是从不同的但却通常是相互联系的人类经验的领域中获得的"。[①]　由此

---

　　① 〔美〕博登海默：《法理学——法律哲学与法律方法》，邓正来译，中国政法大学出版社，1999，第260页。

观之，司法评价者的正义价值不仅能够从非正义中获知，也可以基于评价者的经验获知。总之，尽管司法评价者无法获得精确的正义标准，但却能够依据自身的正义价值对司法活动展开评价。

第四章

司法评价的思维方式

第一节　从价值创造思维向价值评价思维的转向

司法评价从最根本的理论意义上而言是一种价值评价，司法评价活动本身是主体运用价值思维将自身或一般意义上的价值标准投射于对象客体的一种认识、评价过程。价值思维是一切评价的基础，也是人们一切生活与生产活动赖以存在与发展的依据。司法评价与价值思维的关系在于，人类实践创造价值，但由于主客观条件的限制，人的某一实践活动结果的价值状况并不是都达到预期的效果，它可能有很大的价值，也可能只有很小的价值，甚至没有价值乃至负价值。价值究竟如何，需要靠人们去发现、去认识，也就是要去评价。而且，创造价值并不是人的最终目的，创造价值是为了消费价值，实现价值，满足主体的需要。而消费价值、实现价值的前提也就是要认识价值、判断价值，了解实践结果的价值状况，亦即评价。[①]　具体到司法评价，过去不论理论研究者、政策制定者抑或实践执行者，往往将所有的视角都聚焦于司法改革具体实施方案的理论、制度构建，亦即通过不断研究司法改革理论、实践探索试图创造理想价值，但司法改革本身是一个极其复杂的动态体系，各种改革理论、措施究竟带来了何种价值变化，能否达到预期的改革效果，各种司改理论和方案之间是否形成合力亦无从考证，这种状况的出现从思维方式而言就

---

① 邱均平、文庭孝等:《评价学——理论、方法、实践》，科学出版社，2010，第57页。

是只注重价值创造思维，而轻视价值评价思维。以本轮司法改革着力推行的"法官员额制"为例，从制度设计的理想角度而言此项改革应实现法官的精英化、专业化价值，但实践中效果仍然需要科学、客观的量化评测。如前文所述，司法改革的最终目的并非创造价值，而是要通过创造价值使人们切实感受到司法制度的公平、公正，亦即在每一个司法案件中感受到公平正义。换而言之，司法改革的最终目的并非改革本身，而是通过改革所释放且为民众所感知、体验的公正价值，若司法改革的制度设计者、理论研究者、政策执行者都沉溺于构建"改革"的思维枷锁中，不去重视价值评价思维，那么司法改革所建构的理论和设计方案将无法通过科学、客观、量化的指标体系予以展现，改革所创造的价值是否能够满足民众对司法公平正义的需要将无从把握，各种竞争方案、措施间的实践效果将无法甄别，此轮司法改革仍将在缺少导航定位的情况下，偏离其既定目标。从这个角度来看，司法评价的价值思维在根本上是一种价值评价思维，这种新的思维方式意识到了价值创造和价值评价的一体性，如果说价值创造是动力，那么价值评价就是导航定位，即帮助司法改革者准确定位当前位置，并且根据既定的目的地计算路线、行程，从而引导司法改革达至预设目的地的辅助思维。如前文所述，司法改革的价值思维实际由价值创造思维和价值评价思维共同组成，我们强调价值评价思维的重要性，并非否定价值创造思维的意义，实际上，成功的司法改革大多首先以立法的形式推进。以日本为例，从1999年开始至2004年末，日本共制定或修改了24部司法改革的相关法律。1999年6月，日本国会通过了《司法改革审议会设置法》，拉开了司法改革的序幕。司法制度改革审议会于1999年7月成立后，多次对改革内容进行调查审议。最终向内阁提交了《审议意见书》，主张21世纪应有透明而公正的法律，在依法正确审判的同时，要对权利、自由受侵害的群体给予迅速的法律救济。2001年

11 月，日本制定了《司法制度改革推进法》，基于该法，2001 年 12 月成立了以小泉首相为部长的"司法制度改革推进本部"，进行为期三年的司法改革。[①] 只是在我国的司法改革实践中，据不完全检索结果表明，目前国内尚无学者进行过司法改革评价指标体系的系统研究，更谈不上司法改革实践中有意识地进行评价活动。这种现状体现了在我国司法改革研究、实践中存在重宏观、轻微观，重理论、轻实证，缺评价的显著特点。所以，我们强调的价值新思维，就是要在司法改革的研究、实践过程中凸显价值评价思维的重要性，通过价值评价思维构建起一套新的司法改革评价理论体系，为司法改革评价学的实际操作提供可靠的基础理论保障。

总之，通过司法改革的实践不断创造价值，又通过司法评价来评价其价值并消费、实现其价值，这就是一个完整的价值思维过程。司法评价就是在实践的基础上从"创造到实现"这一价值运动过程的中间环节，司法评价既是司法改革"创造价值"的深化，又是实现改革价值的前提。[②]

第二节　从法律理论思维向法律工程思维的转向

工程研究思维和理论研究思维的区分在我国哲学界出现较早，哲学界的一些学者早就指出人文社会科学领域的学术研究应当区分为理论研究与工程研究，相应地人文社会科学领域的学术研究在思维方式上也就具有了"理论思维"及其思维方式与"工程思维"及其思维方式的区分。[③] 在法学领域中

---

① 详见范纯《当代日本司法制度改革评析》，《日本学刊》2007 第 3 期。

② 邱均平、文庭孝等：《评价学——理论、方法、实践》，科学出版社，2010，第 57 页。

③ 参见徐长福《理论思维与工程思维：两种思维方式的僭越与划界》，上海人民出版社，2002；王宏波《工程哲学与社会工程》，中国社会科学出版社，2006。

最早进行法律工程研究思维与法律理论研究思维的学者是姚建宗教授，他指出，理论研究即以"理论"或者说"思想"的获取为研究旨趣和目的的研究，是通过逻辑化的方式揭示事物的"规律"阐释其所包含的"道理"的一种思想活动。法学中的法律理论思维也就是以揭示法律这种独特的社会现象与制度架构的"规律"阐释其"道理"为旨趣和目的的一种思想活动。法律理论思维的基本特点是："规律"导向的思维；纯化价值立场的思维；逻辑化的思维。[①] 与法律理论思维不同，法律工程思维是指依据我们所认识到的事物的"规律"或"道理"，从我们自身的生活与生活目的出发，以我们的价值偏好为原则，以实际的生活与社会效用为指标，运用现实的实际材料，思考、设计和建构理想事物的思想操作活动。如果说理论研究在思维方式上的典型特点是"纯化价值立场"，那么，工程研究的典型特点恰恰是强烈的价值偏好、理想的目标设定和预期的社会效用。法律工程思维的特点是：问题和需要导向的思维；面对法律实践的创造性思维；主体价值观引领或者参与式的思维；经验性思维；系统性思维；效果检验性思维。[②]

长期以来我国司法改革研究领域的思维方式完全偏向于法律理论思维，即重视探索司法制度的历史规律，试图通过纯粹的逻辑推演构建理想化的改革图景和方案。这种思维以抽象的司法规律为出发点和着眼点，很少考虑实践中的问题，在司法改革制度设计中认为司法规律是司法权运作和司法组织设置中起决定性作用的基本准则，它是对司法活动、司法权的内在联系的抽象总结。[③] 具体表现为，在司法制度、司法改革方面的研究队伍与研究成果都是相当可观的，而在司法改革评价指标体系方面的研究基

---

① 姚建宗：《法学研究及其思维方式的思想变革》，《中国社会科学》2012 年第 1 期。
② 姚建宗：《法学研究及其思维方式的思想变革》，《中国社会科学》2012 年第 1 期。
③ 张笑英、杨雄：《司法规律之诠释》，《法学杂志》2010 年第 2 期。

本上处于空白状态。就成果而言，据不完全统计，近10年来国内各学术期刊上公开发表的有关司法制度的论文达3187篇，公开出版的著作超过500部。然而，相比之下，目前国内尚无学者对司法改革评价指标体系进行系统研究。

　　然而，司法变革需要两个方面的保障，即理论思维的保障与工程思维的保障。诚如苏力教授所言，"现代社会对规则的确认并不是或仅是一种规范性要求，而是一个实践性问题，是一个过程"。[①] 实际上，司法改革更多的是通过法律工程思维在现实生活中完成由司法改革工程蓝图设计的现实而具体的，以法律工程面貌呈现的"工程施工"。同样，在司法评价的理论体系中，法律工程思维的问题、需要导向思维，系统思维和效果检验思维亦更显重要。其中司法评价的问题、需要思维要求，司法评价研究的根本目的是要发现、解决司法改革过程中存在的现实问题，也就是要解决抽象的司法改革设计图景及其实践所存在的各种现实矛盾，从而使司法改革在整体上能够协调和完善，在实践上能够获得最好或最大的社会正效果。概言之，司法评价的法律工程研究就是要寻求解决具体的实际问题，满足现实的具体需要，达到确定的现实目的。我们也可以将这种问题、需要思维理解为一种目的性，司法目的对司法活动的进行具有重要的指导性作用。可以说，司法理念的确立、司法体制的创设、司法程序的运作、司法活动的展开都是围绕实现司法目的进行的。[②] 司法评价的系统思维要求司法评价将必须综合或者复合性地运用各种各样的"规律"或"道理"，考虑各种各样的社会因素，运用各种各样的社会材料，始终以法律工程建构所预期获得的社会效用为指向

---

①　苏力:《司法下乡——中国基层司法制度研究》，中国政法大学出版社，2000，第196页。

②　蒋立山:《法理学研究什么:从当前中国实践看法理学的使命》，《法律科学》2003年第4期。参见郝明金《司法的目的与方法》，《山东审判》2005年第5期。

进行思考，^① 通过效果检验实现司法改革措施在整个制度和组织架构中的协调性和适应性。

总之，思想变革，包括观念与理念在内的法律理论思维变革，将为改革提供基础性理论支持，这方面的工作经过长时期的准备，已能初步满足改革的需要。而在法律工程思维研究方面，即技术方面的准备工作则尚不够充分，突出表现在改革评价性工具的缺失。司法评价指标研究作为一种工具性实证研究，在国外已被广泛用于实践。在我国，司法改革研究大体上仍然处于理论论证，制度设计阶段，针对改革本身进行实证评价的研究还不多见，这是由于长期以来对法律工程思维重视不够的必然结果。实证研究作为一种重要的研究方法，其意义不可忽视。在我国开展司法体制改革指标研究，在相当意义上填补了我国在司法体制改革研究领域的空白，充实了司法改革研究的学科架构，为司法改革提供了一种新的研究方法。

第三节　从批判评价思维向建设评价思维的转向

从词意学上来看，"批判的"（critical）源于希腊文 kriticos（提问、理解某物的意义和有能力分析，即"辨明或判断的能力"）和 kriterion（标准）。从语源上说，该词可理解为"基于标准的有辨识能力的判断"。批判性思维作为一个技能的概念可追溯到杜威的"反省性思维"："能动、持续和细致地思考任何信念或被假定的知识形式，洞悉支持它的理由以及它所进一步指向

---

① 姚建宗:《法学研究及其思维方式的思想变革》,《中国社会科学》2012 年第 1 期。例如,上下级法院之间是监督指导的关系,这是我国《宪法》和《人民法院组织法》所明确规定的,毋庸置疑,不能动摇,在实践中必须不折不扣地加以贯彻。上下级法院之间之所以不能形成领导与被领导的关系,法院之所以受同级党委领导,而不是直接受上级法院党组领导,不仅是由司法自身的规律所决定的,也是由我国的司法国情所决定的。参见李传松《法院审判活动行政化之克服》,《法学》2010 年第 8 期。

的结论。"① 批评思维本身是人类基于一定标准对自身活动的一种反思性认识，具有很强的现实意义。但随着后现代哲学的兴起，批评性思维逐渐走向极端，从反思走向"解构"，成为一种否定一切的颠覆性、毁灭性的社会思潮。后现代哲学家福柯在对法律进行批评时就极端地指出，法律永远由非法行为所建构，法律允许某些非法行为并使之成为特权，容忍一些非法行为作为补偿或为统治服务，而禁止、隔离另一些非法行为。② 福柯的逻辑把批判思维引向了极端，为了将现代以来的全部是与非彻底颠倒过来，他永远站在一切现行权力、体制、秩序、规范甚至法律的对立面，永远对现有主导性的思想、判断和话语采取否定的姿态。③ 与此相对，建设性评价思维一方面认识到反思对于改进人类社会生活的重要性，对人类社会各个方面保持一种清醒的客观认识，既看到社会制度的有效性和优越性，又不盲从于"赞同一切"的庸俗乐观主义；另一方面充分意识到批判本身并非价值本身，反对无原则的"否定一切"，主张反思、评价的目的在于建设性地提出解决问题的对策，通过评价、反思发扬社会机制之善，抑制改进社会机制之恶。具体而言，司法评价意义上的建设性评价思维是指，司法评价过程中对司法改革实践中反映现象的分析研究要有这样一种精神或态度，即通过反思评价这样一种理性思维活动，实事求是地肯定该肯定的东西，否定该否定的东西，并根据这种分析提出积极的建设性的改进意见和方案，以增促司法改革目标顺利实现，减少改革过程中的负效应，降低改革成本代价。④

我们主张在司法评价研究中，实现从批判评价思维向建设评价思维的

---

① 武宏志：《论批判性思维》，《广州大学学报》（社会科学版）2004 年第 3 期。
② 〔法〕米歇尔·福柯：《词与物——人文科学考古学》，莫伟民译，上海三联书店，2001，第 506 页。
③ 郑杭生：《论建设性反思批判精神》，《华中师范大学学报》（人文社会科学版）2008 年第 1 期。
④ 郑杭生：《论建设性反思批判精神》，《华中师范大学学报》（人文社会科学版）2008 年第 1 期。

转向。从本质意义上是由司法评价机制的目的和功能属性决定的，从司法评价的目的来看，司法评价机制的目标在于构建一个科学、客观、开放、可量化的指标体系，使之构成整个司法体制改革事业的保障体系，并使司法体制改革成为一个看得见的、可量度的和可控的动态过程，这样的目标从根本上而言是建设性的，故必然需要建设性评价思维的反思精神发现、寻找问题，加强分析并提出积极的建设性的改进意见和方案。从司法评价的功能属性来看，首先，司法评价具有的鉴定、诊断功能要求对评价对象进行鉴定，确定被评对象在评价体系中的位置，对合目的者给予肯定和鼓励，对不合目的者予以监督和警示；其次，司法评价具有导向功能，司法评价的标准和指标体系可以引导和鼓励司法改革者和司法机构调整其不当改革举措，从事有价值的改革活动，即通过司法评价的导向作用使有效的改革举措获得激励，不当的改革举措得以废弃；最后，司法改革评估指标研究的功能指向在于将一国司法体制中可能影响经济发展、投资安全的各类要素以系统的方式展现出来，并通过择取、分析一国司法环境中关涉经济发展的某项或某类要素，建设性、针对性地改革本国司法体制中不利于经济发展或降低本国市场吸引力的消极因素。

第五章

司法评价的宪法基础

第一节　宪法体制与司法评价

宪法体制构成现代司法评价的制度框架，它既有利于司法权的规范化运行，也有力地保障了公民权利的实现。宪法体制的基本要求，"是指一种使政治运作法律化的理念或理想状态，它要求政府所有权力的行使都被纳入宪法的轨道并受宪法的制约"。[①] 将政府权力限缩在某一法定边界内，倘若国家权力机关或公民超越这一法定行为界限，则由司法机关依据法律的规定予以惩罚。由此可以说，司法需要宪法体制的支撑。同理，司法评价作为司法体系的重要组成部分，同样需要宪法作为制度框架。而且实践证明，司法评价总是在宪法制度完善的国家才能真正体现自身的价值。换句话说，只有在宪法制度完善的国家，并凭借法治的力量，司法评价的积极意义才能够得以施展。否则，无论司法评价对司法活动作出何种判断，司法机关基于权力的专横性，仍将对此评价熟视无睹。因此，宪法制度不仅构成司法评价的法治基石，而且也是司法评价能够得以顺利实施的制度保障。

一　宪法体制与司法改革的空间

宪法体制的确立及发展为现代司法体制中评价制度的确立提供了合法性依据和制度基础。在现代法治国家中，宪法及其价值的实现与司法公平、

---

① 张千帆:《宪法学导论》，法律出版社，2004，第 11 页。

正义的伸张是难以分割的。倘若将宪法体制视为国家权力与公民权利的一种配置方案的话，那么，宪法体制的优劣则需要从国家权力配置与社会公众服从中加以反映。而司法体系恰恰为宪法体制的自我评判提供了一个适格的场域。之所以选择司法体系来评判宪法体制的优劣，是因为司法体系本身不仅属于国家公权力的一种存在形式，而且能够与公民权利形成最直接的关联。换句话说，由于现代国家立法无法与社会公众形成直接的互动关系，而执法与公民权利之间的矛盾又有赖于司法机关作出最终裁判。因此，司法体系的良好内部反馈机制与外部竞争优势共同造就了司法对宪法体制的判断优势。

我们承认司法对于宪法机制的判断优势，并不是说司法的功能就在于判断一国宪法体制运行情况的优劣，而是说司法体系中存在某种制度性设计能够对宪法体制加以评判。在此，宪法体制能否容纳司法的评价性机制呢？换句话说，宪法体制是否给予了司法评价的适合场域呢？对该问题的探讨，不在于提升司法评价在司法体系乃至整个法律体系中的作用，而仅以此说明以下命题：在宪法体制下，司法权过于专横。即便司法权的行使受到立法权与行政权的制衡，但它对于公平、正义的判断仍旧超越了国家公权力本身所带有的正当性。因此，宪法体制赋予司法评价者评判司法实际运行效果的权力，倘若司法权的行使越过了宪法制度的边界，那么，评价者将对此作出否定性评价，以此来限制司法权的专横。

除此之外，宪法体制给予司法评价的制度空间还表现在二者的社会结构及经济基础的彼此认同上。博登海默认为，任何以合理方式建构的法律制度都应当包含某些超越于特定社会经济结构限制的基本价值，例如自由、安全与平等。[①] 言下之意是，无论是社会发展到哪一阶段，经济、文化水平多么发达，法律制度的设计中都必须包含保证人类生存与发展的某些基本价值。

---

① 〔美〕博登海默：《法理学——法律哲学与法律方法》，邓正来、姬敬武译，华夏出版社，1987，前言，第1页。

这些基本价值不因社会、经济、文化发展水平的高低而有所差异。从政治体制发展的历程来看，宪法体制是目前看来最符合人类发展的制度性安排，而且它对人类基本价值的保障不因社会、经济、文化水平的差异而变化。然而，宪法体制对社会、经济、文化水平的包容性，并不意味着一国的司法体制可以凌驾于社会、经济、文化之上。事实上，即便宪法体制可以超越国别的限制，但一个国家对司法体制的选择总是受到该国社会、经济以及文化水平的影响。卢梭认为，"除了一切人们共有的准则而外，每个民族的自身都包含着某些原因，使它必须以特殊的方式来规划自己的秩序"。① 因此，宪法体制所给予司法评价的合法性空间，不仅要求司法评价具备公平、秩序、正义等基本价值理念，更重要的是宪法体制与司法评价制度的建设应当共同适应该国的社会、经济、文化基础。

那么，宪法体制究竟在何种范围内肯定了司法评价的合宪性呢？也许以下四个方面的论述能够解析宪法体制对于司法评价的意义。

首先，司法评价制度的确立离不开宪法体制的支持。毋庸讳言，司法评价是为解决司法制度及司法行为的无序性和无效率性而存在的。正如前文所述，现代司法权的功能在于定纷止争、维护公平正义。即便司法权、立法权与行政权的相互制衡构成一国权力运行的稳定模式，但归根结底，司法权的主要作用在于定纷止争。然而，司法权的运行是依靠司法制度以及司法人员的具体行为来实现的。制度设计的良好初衷并不代表制度实施的良好结果。正是基于这一逻辑前提——在某种程度上也是当前我国司法权运行的现状——我们不得不对司法体系的合宪性进行思考。

由此，一个现实但却遭到忽视的问题摆在了人们面前：由谁来评价司法体系运行状况的合宪性？按照孟德斯鸠的观点，"一切有权力的人都容易

---

① 〔法〕卢梭:《社会契约论》，何兆武译，商务印书馆，1980，第71页。

滥用权力，这是万古不易的一条经验。有权力的人们使用权力一直到遇到界限的地方才休止"。① 显然，司法权不会为自身的权力设限。那么，我们就需要从更高的规范层面上寻找答案。对于司法体制而言，其更高层面的规范无异于宪法体制。而事实恰是如此。当宪法体制依靠立法权、行政权来制衡司法权的时候，其背后隐含的制度逻辑就是对司法制度的不信任。实践证明，以司法权为基础的司法制度的确会在某些方面产生违反宪法的现象。因此，如同美国法院对立法的违宪审查一样，司法制度及其活动同样需要经受违宪性审查。当然，在司法领域，我们称之为"司法评价"。总之，在以司法权为权力主体的司法体系内部，司法评价制度的确立以及实施需要宪法体制的支持。

其次，司法评价体系凝聚着宪法体制的内在要求。从司法实践来看，司法评价的制度建构目标就在于判断司法活动与公民权利之间的融洽度，并对某些违反宪法精神的制度或行为给予否定性评价。由此来看，司法评价不仅构成宪法体制的评价措施之一，而且始终以"宪法体制"为评价导向。对于整个司法体系而言，在它达至宪制之目标的过程中，司法体系的建构者以及改革者必须拥有一套能够对当前的司法文明进行科学评价的制度性安排。该制度性安排即便无助于拉近司法与宪法制度的关系，也需要能够凝聚宪法理念，秉持宪法思想，保证司法发展走在正确的方向上。由此推之，司法评价中蕴含的宪法逻辑实质上是一种过程性逻辑。所谓"过程性宪法逻辑"，是指宪法因素在司法评价中的作用场域。作为一种具有规范性价值的制度性安排，司法评价以某些能够产生实际影响的司法制度为依归，在评价过程中彰显宪法体制之价值。而且，司法评价的主要目标就是规范司法权的运行，保障公民的合法权益。这与现代宪法思想的基本构造不谋而合。因此，司法评价本身不仅具备宪法制度之价值理念，而且还蕴含着其必然要求。

---

① 〔法〕孟德斯鸠:《论法的精神》(上)，张雁深译，商务印书馆，1995，第154页。

再次，作为司法改革的依据，司法评价本身是宪法体制自我进化的产物。从法治意义上讲，将宪法主义等同于"司法审查"被视为当前法学界的宪法制度观之一。该观点认为，宪法价值的实现非以司法审查制度的确立不可实现。[①]　在此，"司法审查"已经超越了传统意义上司法对立法的违宪审查的范畴，而更重视宪法制度内部各要素之间的相互推动、相互竞争。按照达尔文的进化论，无竞争无以进步，"适者生存"的生物进化论观念同样适用于宪法体制。为此，美国学者 Gerhard Casper 提出，宪法体制包括两个内涵：描述性内涵和规范性内涵，其中描述性内涵就是指人们对权利、自由等制度性认可的竞争。[②]　而且，从专制政体到民主政体，再到立宪政体的历史发展脉络来看，宪法体制是目前最先进的政体组织形式，但随着社会的进步，宪法体制未必依然能够保持先进性。因此，宪法体制本身需要保持进化的空间和进化的意愿。也就是说，现代意义上的宪法体制并非一个僵化的制度安排，它是在不断寻求制度完善的过程中实现自我进化的。所以，宪法体制绝不反对或限制自我反思、自我批评。在这一点上，司法评价彻底地反映了宪法体制自我进化的愿望。它通过对司法制度及司法活动的评价、反思、批判，推动司法制度的改革，并最终为司法体制的改进提供助力。

总之，司法评价之于宪法制度的意义，在于它扮演了一个宪法价值评价者的角色，只不过它针对的对象是宪法体制中的重要组成部分之———司法体制。在司法改革过程中，司法评价将发挥高效的评价职能，同时也维持司法体制与宪法理念之间的微妙平衡。可以说，司法评价通过宪法的内在要求与进化意愿获得了自身的合理性、合宪性基础，并通过对司法实践的效果反

[①]　参见田飞龙《大国宪政的异数：比较视野中的"八二宪法"及中国宪政转型》，《清华法治论衡》（第 17 辑），清华大学出版社，2013。

[②]　Gerhard Casper, "Constitutionalism," *University of Chicago Law Occasional Paper*, No. 22 (1987), pp.3-20.

馈证明了自身的宪法价值。这既符合宪法理念的内在精髓，也是一国司法体制改革回应宪法体制的应有之义。因此，司法评价理应成为宪法体制的重要组成部分。

二　司法改革的宪法限度

在法治国家，宪法规范往往指向政府行为，也就是对政府行为的限制。显然，这是一种狭义上的宪法体制观念。对于现代法治而言，宪法对于法治国家的意义已经远远超越了政府权力的宪法规制的范畴。事实上，无论是政府活动，还是立法和司法活动，都应当在宪法体制的要求下进行，同时也必须受到宪法的严格限制。我们可以将其理解为一种"广义上的宪法观"。那么，倘若遵照广义的宪法制度观念，当前开展的一系列司法改革行为将承受合宪性的质疑。换句话说，我国宪法既没有规定司法机关有进行司法体制改革的权力，也未有任何规定对司法机关的改革措施予以宪法层面的认可。由此，司法改革不仅面临一种合法性困境，最重要的是，它难以在宪法制度层面上回应诸多合宪性质疑。

不可否认，前述问题即是来自宪法文本主义者的质问。按照 James Shotwell 的观点，在多数国家，宪法仅仅体现为宪法性文件，它是指具有法律规定性的宪法文本。但是，有宪法性文件（或宪法文本）未必就是宪法体制，宪法的要求高于任何形式的宪法性文本表达。[①] 遵循宪法文本主义者的思维路径，我国《宪法》及其修正案中并未对司法改革作出具体规定。然而，不考虑宪法文本主义者的质疑，我国《宪法》及其修正案所内含的宪法精神却为我国进行司法改革提供了充足的依据。

如前所述，宪法是对于政府行为的限制，而司法体制是我国政治体制

---

① 转引自应松年、张恋华《政府法制通用教程》，中共中央党校出版社，2005，第100页。

中的重要组成部分，理应处于宪法维度之下。相比较而言，由于宪法观念源
出于政府行为规制领域，对政府行为的规范性往往属于直接规定，而对司法
体制的规范性常常难以在宪法文本中明确体现。因此，虑及我国司法改革的
宪法限度，政府的宪法维度将为司法改革提供良好的借鉴。事实上，1999 年
《宪法修正案（三）》将"依法治国，建设法治国家"写入宪法，便在我国确
立了宪法体制。自此，任何法律制度（包括司法制度）的创制、发展都应当
在宪法体制下开展。对于司法体制改革而言，只要其改革行为符合宪法的基
本精神，便应当为法治国家所接受。而且，我国《宪法》第 126 条明确规定：
"人民法院依照法律规定独立行使审判权，不受行政机关、社会团体和个人
的干涉。"多数学者认为，该条款确立了我国司法权独立的原则。该原则既
包括法院系统设置上的独立性，也包括审判权的独立性。倘若我们认定审判
独立构成现代宪法制度及司法体系的基本规律之一，那么，我们同样应当承
认，基于审判独立所推出的司法改革同样具备合宪性。此外，司法的独立性
还表现为司法体制的独立性，即司法体制与立法体制、行政体制的分立，互
不干涉。司法体制改革的开展是在司法体系内部实行的改革，它不触及立法
体制和行政体制，当然也不会破坏立法体制与行政体制中的合理成分。但是
它需要服从宪法、法律的规定，在宪法和法律的范围内进行改革。因此，对
于前述宪法文本主义者提出的"无明确规定"之疑虑，实则是受到狭义宪法
观的禁锢，而忽视了宪法精神之于司法改革的真正意义。

　　虽然宪法文本主义者对司法改革合宪性的抨击失败了，但它却点明了一
个被人所忽视的重要问题：司法改革的宪法边界究竟在何处？对该问题的探
索并非要回答司法权的限度问题，而是回答司法改革究竟能够改革什么的问
题。对该问题的回答不仅有利于保证我国司法改革的合宪性，而且也能够确
保司法改革有步骤、有规划地进行。

　　一般认为，在宪法范围内实施的司法改革均符合宪法制度的限度。然

而，分析我国司法改革实践可以发现，我国所实施的司法改革虽然符合宪法、法律的规定，但是它未必能够称得上"改革"。从司法改革实践来看，我国司法改革所关注的主要是司法的制度层面和法律基本价值的实现。前者包括司法审判制度、诉讼程序、证据制度等，它是对司法技术问题实施的改革；后者包括司法公正、司法效率、审判独立以及司法公信力的改革，这类改革旨在提升司法的价值，保障社会的有序性。但是急需澄清的是，对于某些司法制度的改进或价值的追寻，并非完全可以归结为"司法改革"。有学者认为，并非所有制度的完善都可以称之为"改革"。"所谓'改革'，根本的是要革除从前存在的已不适应新形势、新情况的旧体制、旧制度。改革的实质是指体制的改革，凡被诉诸改革的事项，皆为某一领域体制性的重大事项。"① 而司法改革则是指真正关涉司法体制中根本事项的改革，其宪法限度也需要以改革事项的根本性为边界。因此，宪法给予司法改革的权力限度（或者说"法律边界"）不在于司法改革行为是否合宪、合法，而是指哪些内容能够进行改革，哪些内容属于司法体制进化的基本事项。我们认为，司法改革的宪法限度主要体现在司法机关与其他国家机关的关系、司法机关的结构设置以及司法机关自身的职权范围等方面。

首先，改革司法机关与其他国家机关的关系。当前我国司法机关在人员编制、机构设置与财政管理上，都受到立法机关、行政机关的较大制约。这尤其反映在地方各国家机关之间的权力关系上，由此也导致了地方保护主义盛行和行政诉讼的疲软。② 申言之，在司法机关与其他国家机关的关系上，司法权呈现依附于行政权的现象，其结果不免导致司法权的行政化。前述对于司法绩效评估制度的论述便体现了这一现象。因此，对司法机关与其他

① 刘松山：《再论人民法院的"司法改革"之非》，《法学》2006 年第 1 期。
② 参见周永坤《司法的地方化、行政化、规范化——论司法改革的整体规范化理路》，《苏州大学学报》（哲学社会科学版）2014 年第 6 期。

国家机关之间关系的改革，并非旨在扩大司法权的适用范围，而是在于规范司法机关、立法机关及行政机关的权力界限。在宪法层面上来看，这是法治国家各权力机关相互独立、相互制衡的必要条件。倘若弱化司法机关在国家宪法体制中的作用和地位，则有可能出现立法机关与行政机关"违宪"之现象，并且这种现象无法得到纠正。所以，当下对于司法改革的宪法限度的界说，归根结底应当回归到司法机关与其他国家机关的关系上来。这既是改革者对宪法精神理念的回应，也是建设社会主义法治国家的应有之意。

其次，改革司法机关内部之间的结构设置。按照宪法制度的理想假说，宪法要求在司法机关内部能够得到完整的检验。这主要是因为司法机关的权力运行不仅能够体现法律的规范性效果，同时也能反映国家权力对公民权利的有效保障。但是，一如前文所言，制度设计的美好初衷并不代表制度运行的良好结果。我国现行司法体系对法院上下级之间的监督关系、检察院上下级之间的隶属关系的表述并未在制度运行中得到完美检验，司法系统内部也具有明显的行政化倾向。这种权限及上下级关系之间的紊乱实际上削弱了司法机关限制公权力、保护私权利的功能。尽管我国尝试建立跨行政区司法管辖制度、巡回法庭制度以及检察机关提起公益诉讼制度等破冰式改革，但由于上述改革仅是对某些司法技术性问题（兼涉及司法价值问题，二者无法分开）的推进，而未触动司法体制的深层顽疾。因此，从宪法维度来看，司法机关内部之间的结构设置仍未得到彻底改善。即便前述改革符合宪法的价值理念，但是它并未凸显宪法赋予司法改革的真正意义。司法改革的真正价值，或者说真正符合宪法之需求的底线在于厘清与规范司法机关内部的结构设置，这是司法权运行的外在保障。

最后，改革司法机关自身的职权范围。一般认为，司法机关职权范围的界定是一个立法问题，即宪法和法律具体规定司法机关享有何种职权的问题。但是，司法机关的职权之所以成为一个"司法问题"，并非因为缺乏明确的法律规定，而是源于司法机关内部的权力界限混乱。单以审判权来说，虽然司法案件是由法官与陪审员组成的合议庭（简易案件中只有法官）进行审理、裁判的，但事实上，案件裁判的责任承担实行的是法官负责制和院长负责制，因为错案追究制度要求法官对其审理的案件承担责任。这对于约束法官渎职裁判行为是很有效的。然而，最高人民法院于 2011 年出台的《地方各级人民法院及专门人民法院院长、副院长引咎辞职规定（试行）》明确规定，法院院长、副院长对本院发生的具有重大影响的枉法裁判案件同样负有责任，应当引咎辞职。这表明，错案追究制与院长、副院长引咎辞职规定并未厘清司法权的正当分配方式，也违反"审判独立"这一基本宪法价值观。因此，司法改革的宪法限度应当以促进公平、公正，维护审判独立为目标，在促进司法权有效运行的基础上进行改革。可以说，司法改革的目标应当是增进社会福利，而非通过连带责任的方式来推进司法公正。显然，后者无助于推动法治的进步。

三　宪法变迁与司法改革

按照马克思客观唯物主义的观点，客观事物的变化必然引起人们主观观念的变化。对于宪法而言同样如此。宪法的变化集中反映了一个国家社会、经济、文化水平的发展、变化。由于宪法制定者智识能力及未来预期的有限性，以成文法形式存在的宪法往往难以紧跟时代发展的步伐。简言之，宪法具有滞后性特征，这是导致宪法变迁的根本原因。为了顺应时代的发展，满足人们对于有序化生活的基本追求，国家权力机关势必需要通过修宪、制宪等方式来发展宪法，从而使得宪法变迁成为宪法自我进步的一种常态。但需要注意的是，宪法变迁是一种温和的宪法改良方式，它不包括以革命的手段推翻旧制度、建立新制度来实现宪法变更的方式。也就是说，"改朝换代"式的宪法更替并非宪法变迁关涉的内容。

　　一般说来，宪法变迁是指在历史进程中，由于宪法修改之外的原因导致宪法性文件发生的变化。[①] 按照制度经济学的理解，宪法变迁指向的是时间序列上的宪法变化。它由"设计"和"演进"两种样态所构成，分别涉及制度的设计和修正。[②] 前者指宪法的制定，后者则是指宪法内容的增减。宪法变迁的过程映射出社会变迁对国家秩序的强烈影响。作为国家顶层的制度设计，宪法需要在社会发展中不断完善自身的制度架构。正如庞德所言："法律必须稳定，但又不能静止不变。因此，所有的法律思想都力图协调稳定必要性和变化必要性这两种彼此冲突的要求。"[③] 由此来看，宪法作为一个国家的根本法，不仅具备法律的稳定性特征，也需要在一定程度上体现自身的可变性，以稳定社会需求与法治秩序之间的平衡。

　　对于宪法的频繁变迁，有学者将其归结为"宪法工具主义"的一种体现。宪法工具主义者认为，宪法随着政党的意见进行调整，带有强烈的政治倾向，它在某种程度上体现为国家以法律形式保证自身合法性的工具。[④] 显然，宪法工具主义者同宪法文本主义者一样，均被宪法的文本表象所迷惑。从表面上来看，宪法的变迁的确体现为宪法文本的变化，但这远远未能体现宪法变迁的实质。事实上，宪法变迁是一个复杂的、包含诸多因素的社会现象。它是在现代法治观念的指引下国家秩序自我调整的结果。从我国目前的宪法变迁来看，行政体制改革无疑是构成宪法变迁的主要动因，无论是党的路线方针政策调整，还是国家权力的重新分配，宪法都将随之作出相应调整。这种调整表面上看来是宪法迎合行政体制改革的结果，但实际上，它反映的是宪法由低级状态向高级状态、由阻碍生产力的发展到顺应、促进生产

[①]　参见沈宗灵《比较宪法——对八国宪法的比较研究》，北京大学出版社，2002，第300页。

[②]　参见〔美〕马尔科姆·卢瑟福《经济学中的制度——老制度主义和新制度主义》，陈建波、郁仲菊等译，中国社会科学出版社，1999，第98页。

[③]　〔美〕庞德：《法律史解释》，邓正来译，中国法制出版社，2002，第2页。

[④]　参见魏健馨《我国宪法变迁的特点》，《环球法律评论》2012年第6期。

力的发展的过程。宪法变迁的终极目标始终是实现公民的最大幸福。因此，宪法工具主义者对宪法变迁的政治性、工具性的质疑有待商榷。此外，宪法变迁对行政体制改革的推动同样适用于司法体制改革。它的推动作用不应因为权力形式的不同而有所减弱。

　　然而，司法改革与宪法变迁之间的关系远比行政体制改革所导致的宪法变迁复杂。造成这一复杂现象的原因有以下三点。①改革的目标与权力分配之间的冲突。一般认为，改革是对现行制度进行重大的调整，倘若仅是对某些制度进行小修小改，那它不能被称为"改革"。但现状是，司法机关对司法制度作出的重大调整极有可能触及其他国家机关的利益，而司法在国家话语权中的地位最弱，因此，仅以司法机关为主推行改革，很难改变国家权力分配的现状，也难以达到司法改革的预期目标。②改革的必要性与宪法规定性之间的矛盾。改革与法律规则从来都是一对相互对立的概念。通常认为，司法改革是对法律规则的突破，它在某种程度上具有违法性。然而，在建设法治国家的战略目标下，一方面，我们不仅要求司法体系不断改革，以满足人们日益增长的法治需求；另一方面，也要求司法改革在法治的范围内实施改革，不得违反宪法和法律的规定。这就导致一些司法改革的重要举措常常面临法律规则的桎梏，从而引发司法改革的必要性与法律规范性之间的矛盾。③司法公信力与宪法权威的困局。我国当前的司法改革着眼于完善司法、立法与执法的关系，并希望通过自身的调整来提升公信力。按照现代宪法理论，司法改革所追求的制度进步应当是超越政治意义、党派意义的，公正无私地行使司法权。但现实并非如此，司法机关在提升公信力上的改革只是凭借改革者的良好愿望，忽视了宪法对司法权的必要限制。因此，囿于司法改革的合法性与宪法稳定性、规范性之间的矛盾，司法改革势必需要从宪法变迁的视角寻求自身的合理性、合法性。

　　宪法变迁本身蕴含着司法体制的变革问题。现代宪法理念所蕴含的自由、公正、正义、人权、秩序等价值理念本身皆是伴随着社会的发展而不断发展的。那么，依托自由、公正、正义等价值理念的司法体制同样无法永远保持当下的稳定性。因此，在现代法治国家中，司法改革与宪法变迁之间存在良性的互动关系，司法改革既是推动宪法变迁的动力之一，也是维护自由、公平、正义等宪法核心价值理念的重要保障；而宪法变迁除了以国家根本法的形式肯定了司法改革的合法性外，也在一定程度上巩固了司法改革取得的有益成果。具体说来，宪法变迁对司法改革的现实意义主要表现在以下三个方面。

其一，宪法变迁中稳固的宪法价值为司法改革提供了原则性指引。一般来说，即便司法改革是对现行法律体系中某些制度性规定的突破，但只要司法改革的目标与程序建立在国家宪法的基础之上，那么，这一改革仍应得到合法性评价。此外，由于我国的司法改革已经触及改革的深水区，试探性改革以及试点型改革都已经难以为司法体制的总体改革提供有效借鉴经验。因此，当前的司法改革一方面需要谨遵宪法的规范指引，另一方面也应当回应公众需求。毕竟宪法的制定与变迁均是以实现公民权利为目标的。为此，有学者认为，司法改革"不仅仅是法院或检察机关或律师制度的单方面的改革，为了国民，国民满意的司法改革应当是对司法整体的框架或根本问题的分析与解决"。^① 由此观之，宪法中的民主理念并非仅仅体现于立法、执法中，而司法改革也并非要固执地遵循现行法。宪法变迁史证明，只要严守"限权"与"民主"的宪法精髓，司法改革终将达到社会公众的满意状态。

其二，宪法变迁为司法改革提供规范层面的界限。宪法精神允许司法机关进行自我改革，但这并不意味着司法机关可以随意、无章法地改革。除了

---

① 转引自韩大元《东亚国家司法改革的宪政基础与意义——以韩国司法改革的经验为中心》，《浙江社会科学》2004 年第 3 期。

需要遵循宪法基本理念的引导外，司法改革仍需要遵守宪法的实体规定。这里所说司法改革所引发的宪法规定的变迁，是指"在不改变宪法规范的前提下通过潜移默化的方式，使规范和现实的矛盾冲突得到解决"的制度变迁。[①] 这种变动一方面在于缩减宪法频繁变动所带来的不稳定性，另一方面也在于以最小的变动来达到调整规范与现实之间矛盾的目的。除非该种宪法变迁方式不足以消解规范与现实需求之间的矛盾，一种更剧烈、更重大的宪法变迁才可能产生。

其三，宪法变迁的历时性特征为司法改革的阶段性发展提供了改革时机。在此，改革时机并非仅仅指向宪法变迁的历时性特征，也包括公众需求变化的某一特定历史时刻。按照法律发展的规律，制度改革从来都不是一蹴而就的，并且重大改革往往需要分阶段、有步骤地进行。司法改革作为一国司法体制的重大变革，同样需要尊重法律发展的必然规律。但值得肯定的是，宪法的历时性发展为司法改革的阶段性进步提供了可靠的法律保障。但有待深思的是，宪法的频繁变动是否有悖于法律的稳定性和权威性呢？事实上，无论是就宪法变迁还是司法改革来看，对于法律稳定性的过度疑虑都带有明显的法律虚无主义的倾向，即法律的频繁变动导致了其本身价值的削弱。然而，宪法变迁与司法改革的实践证明，只有成熟、稳定的制度改良结果才能够最终纳入到法律制度中来，成为法律体系的组成部分。因此，法律虚无主义者对于宪法稳定性的忧虑实在是"杞人忧天"。倘若社会公众认可司法改革的结果，那么，对于含有民主、正义、公平等价值理念的宪法而言，除非修改自身的具体规定，否则将难以与社会需求相适应。综上所述，司法改革所引发的宪法变迁并非是随意发生的，它既需要司法体制改革的优秀成果提供修改方案，也需要社会公众的强烈需求作为动力。

---

① 李海平：《论宪法变迁的立论基础及其界限》，《长白学刊》2005 年第 4 期。

第二节　人权保障与司法评价

人权保障是法治体系的起点和目标，也是当前司法改革的根本任务。我国从人治向法治，再到良法善治的转变，其根本原因便是认识到人权保障在国家治理及法治化建设中的核心价值。虽然我国目前在人权保障上已经取得了丰硕的成果，但与公民权利的觉醒、国际人权理论的发展相比，仍有相当大的差距需要弥补，这尤其表现在司法体系的人权保障问题。当然，这并非是说当前的司法体系无助于保障公民的基本权利，而是说要更注重于建构一种静态与动态相结合的保障策略。中共十八届三中全会在《关于全面深化改革若干重大问题的决定》中重申了"完善人权司法保障机制"的重要性，并将"人权保障"作为新一轮司法改革的一项基本任务。无论是从错案追究制度、社区矫正制度、法律援助制度等制度改革还是从死刑的减少或边缘化来看，人权保障都在其中扮演着重要的角色。可以说，在宪法体制下，司法改革正在以"以人为本"、保障人权的基本宪法价值观作为指导，逐步为建立和完善"人民当家作主"的社会主义法治国家而奋斗。

一　人权体系与司法改革

人权的司法保障是我国实现人权体系化的必备要素，它为人权体系的成熟提供了必要的救济措施。然而，从人权保障的现状来看，无论司法体制多么完备，面对社会转型及公民诉求变化，司法体制所能给予人权体系的保障总是存在滞后性。因此，无论是基于人权保障的基本宪法理念，还是从社会对司法的客观需求出发，司法改革——尤其是以保障人权为目的的改革措施——都是对人权体系保障机制的一种完善。人权保障的体系化既是司法改革的目标，也是司法改革的价值所在。司法改革本身就是要以保障公民权利、增进公民福利为出发点,而且改革结果也在一定程度上彰显了人权体系的保障水平。可以说,人权保障与司法改革之间的密切联系,既反映在人权体系的完备性上,也体现在司法体制的进步性上。但需要指出的是,人权体系并非一个固定的、封闭的权利集合。在现代法治国家,人权总是伴随着社会的发展、国家法治水平的提升而不断进化。从人权体系与司法改革相互推动作用来看,司法改革给予人权保障的主要意义在于为公民权利提供了有效的救济措施,而且,随着人权观念的发展,司法机关也需要通过自身的改革去迎合公民的权利变化和诉求。这就是说,人权体系所展现的发展性、开放性为司法改革的开展提供了正当性基础。

自 1948 年联合国大会颁布《世界人权宣言》以来,人权体系的建构与发展愈加为人们所关注。人权体系作为构成一个国家宪法制度的内在组成要素之一,是该国家宪法体制走向成熟的重要标志,也是该国家公民权利保障情况的规则化反映。一般认为,人权体系是指一个国家在人权保障方面的规则集合,它由类型化人权及其实体内容组成。[①] 由于人权类型的划分直接关系到国家人权保障的体系建构,所以当前世界各国在人权体系的建构上尚未形成一致意见。尽管人权体系的表现形式有所差异,但在内容上,学者们普遍认可法国人权学者卡雷尔·瓦萨克 (Karel Vasak) 提出的"三代人权说",即当今世界认可的人权体系应当是由"三代人权"凝结而成的公民基本权利总和。具言之,按照人权内容与发展阶段的不同,人权体系主要由以下三代人权观念组成。

第一代人权是指公民权利和政治权利。由于第一代人权仅仅要求国家保障公民的基本权利,而未积极主张自身权利。因此,第一代人权又被称为"消极权利"。它主要源自于 1966 年颁布的《公民权利和政治权利国际

---

① 朱景文:《法理学》,中国人民大学出版社,2012,第 172 页。

公约》。其中，公民权利是关于人类的人身权利和精神自由的权利集合，生命权、人身自由权以及人格尊严权便是该类人权的典型例证。政治权利则是关于公民在国家政治生活中应当获得的基本权利，该类权利在某种程度上以"社会契约理论"为逻辑起点，它假定公民与国家之间存在契约关系，公民让渡某些个人权利由国家统一实施，由此导致国家天然负有尊重和保障人权的义务。因此，政治权利作为公民的一种人权形式，既是公民基本人权的一种政治形态，也是国家积极履行人权保障义务的具体表现。它通常表现为选举权与被选举权、言论自由和宗教信仰自由等。第二代人权是指经济、社会和文化权利。20世纪后半叶，面对高失业率和社会保障水平的低下，人们愈加希望国家能够有所作为，为人们的生存和发展提供有效支持。因此，第二代人权带有"积极权利"的特征，《经济、社会和文化权利国际公约》构成它成熟的主要标志。一般说来，经济、社会和文化等因素是影响公民个人权利行使的外部环境，其作用在于为个人权利的实现提供基本条件或者工具性支持。按照此种逻辑，第二代人权应当包括劳动权、社会保障权、受教育权以及平等就业权等。第三代人权则是指发展权，也称为"人民的权利或民族的权利"(Peoples' Rights)。[①]该人权观主张，人类除了获得有尊严生活之外，还应当享有全面发展的权利。随着人们对该观念认知的提升，和平权、发展权、自决权等众多"集体人权"开始在政治生活中涌现。它主要反映了第三世界国家对于全球资源公平分配中的强大诉求，并渴望通过全球化的合作来实现全体人类的共同发展。由此来看，第三代人权的具体指向并非个人的权利，而是指作为某一社会共同体（包括民族、地区和国家）中群体意义上的人权。由此导致人权从个人权利发展为一个民族、地区或国家在全球范围内

---

① Philip Alston, *Introducton, in Peoples' Right*, edited by Philip Alston, Oxford Universitv Press, 2001, p. 1.

寻求生存、发展的权利。①

　　从上述人权观念的"代际关系"来看，人权体系绝非是一个故步自封的体系，它具有明显的开放性特征，②并且随着社会需求的发展而不断完善自身。这既是司法改革与人权体系的相通之处，也是司法体制保障和救济公民基本权利的应有之义。司法改革的过程就是彰显司法机关对人权的认识、认可过程，但是司法改革在人权保障机制上的发展并不意味着人权体系的重构。事实上，司法改革是围绕人权体系进行的制度改革，它主要针对当下某些无效率或者缺乏人权保障机能的司法制度进行修正，以体现法律对公民的尊重。因此，对于人权体系而言，司法改革无助于推动其实体内容的发展，而仅是对其潜在侵权行为制裁方案的预先设定。当然，从某种意义上来说，对侵权行为的制裁能够产生一定的社会威慑效果。倘若将之视为司法改革的某种功效的话，那么，司法改革除了具有保障人权的特殊含义之外，无疑也有助于人权体系的完善。

　　在人权体系的发展过程中，人权概念的自然法属性与司法的规定性之间并不总是具备一致性的。尽管二者在内在权利逻辑上具有一致性，但在人权的应然与实然表现上却存在较大差异。通常认为，人权概念体现的是应然层面的权利特性，带有人类希求的完美主义权利倾向。因此，无论是人权概念的构成还是权利的保障与救济，源自自然法理念的人权概念及其体系都将人的权利推向至高的层次，以致国家权力必须向公民权利作出让步，甚至对司法机关判处公民死刑的正当性也提出质疑。而司法所追寻的人权保障寓于法律规则之中，即便是司法程序中流露出来的人权理念也往往带有强烈的规定性。因此，有学者认为，法律（包括司法）所保障的人

---

① 参见王广辉《比较宪法学》，武汉大学出版社，2010，第90页。
② 参见徐显明《人权研究无穷期》，《政法论坛》2004年第2期。

权实际上是"人权应然性与实然性的结合"，^① 而司法机关对于人权的判断才构成人权的现实样态。虽然人权体系旨在实现完美的人权保障，但是由于司法权对人权的干预，法律对人权的实然性保障机制在权力介入的情况下发生了异变，如枉法裁判、刑讯逼供等。由此观之，在人权保障方面，人权体系的理论构想与司法实践之间的差距并非人权概念的自我发展所能解决的，它需要国家权力，尤其是司法权的自我约束、自我规范、自我发展来消除人权保障机制的弊端。因此，司法改革的诱因与其说是司法体制的自我进化，不如说是宪法体制下，人权概念及其体系对司法体制提出的伴生性发展要求。

排除社会发展等客观因素的影响，人权体系的开放性真正赋予了司法机关改革的权力。目前我国的司法改革在某种程度上属于人权保障机制的一种发展，没有人权体系的开放性对公民权利的扩充，司法机关也无需对司法体制的合理性、低效性进行改革。因此，司法改革（而非司法）的权力来源表现为宪法及其中的司法权，但实质上，宪法本身亦是由人权体系延伸、外化而成的具体制度，它无法为司法改革提供最为本源的权力支持。管窥权力与权利的关系可以发现，宪法构成权力的制度起点，但并非是权利的起点。按照法律自然主义的观点，权利乃是人与生俱来的、平等享有的力量，人们让渡权利才产生了国家权力。当国家将权力限缩在宪法体制之内的时候，宪法便得以产生。因此，宪法不是人权的起点，而人权却是宪法的终点。无论是行政体制改革抑或司法改革，人权始终是构成权力配置方案革新的内在动力之一。总之，司法改革的顺利开展依赖于人权体系的扩张与外化。在人权概念及体系的开放性、发展性面前，司法体制唯有改革自身以满足人权体系发展的需要，否则司法权的权力根基将受到动摇。

---

① 　莫纪宏：《论人权的司法救济》，《法商研究》2000 年第 5 期。

二　司法改革的人权限度

人权保障是国家法治建设的基本任务和目标。由于人权概念及其体系的开放性，政治体制改革在当下成为一种必然的历史发展趋势，它体现了国家权力与公民权利之间的协调性。当然，对于国家权力而言，公民权利（人权）具备优先性。这就导致国家的权力配置方式在改革过程中必须满足人权保障的基本要求。换句话说，政治体制改革应当遵守必要的人权限度。在此，我们仅就司法改革中的人权限度进行细致分析。

在我国，司法改革的主要目标是保障公民权利、约束和规范司法权。所以，司法改革受人权价值的严格限制本来就是现代法治国家的基本要求。但简单的价值逻辑体现的是国家权力机关对自身认识的提升：一方面，人权保障构成司法机关的法定职能之一；另一方面，人权的限制体现了我国司法改革的推动者对于自身历史使命的重新认识。诚然，当下我国的司法体制尚不足以完全承载起人权保障的现实诉求，社会转型及人际矛盾也超出了司法体制的制度预想，由此导致司法机关难以同国家、社会组织、公民的实际预期相吻合。申言之，司法体制的理想化建构未能实现人权保障的完美构想，司法的低效性与社会治理的高要求之间产生了巨大的沟壑。这是当下司法体制所面临的最根本矛盾，也是人权对于司法机关设定的改革限度。因此，司法改革的人权限度关乎以下三个维度的问题。

其一，权力的暴力性与人的安全权的关系问题。在现代法治国家，司法权的内核是一种国家公权力，它本身既存在暴力的一面，也能够引领社会公众去完成某项事业。[1] 因此，有学者认为，"权力既给人类带来了福利，也

---

[1]　参见〔美〕约翰·K.加尔布雷思《权力的分析》，陶远华、苏世军译，河北人民出版社，1988，第11页。

造成过灾难"。① 但总体来看，现代社会尚无法舍弃它而独立生存。既然权力天生具有暴力的成分，那么，司法权也不例外。然而，权力带来的暴力与灾难并非人类创制或认可权力存在的根本原因，如何在约束权力的暴力性特征的前提下，发挥权力的引导性作用才是其真正目的所在。因此，就司法权而言，削减司法权中的暴力因素，保障公民的基本安全，就成为司法改革者的重要任务。如此，倘若试图以限权的方式将权力关到"笼子"里，就必须要建构一种能够去除暴力、规范权力运行方式的约束机制。从数千年的人类文明史来看，唯有以人权与宪法为基础建立起来的司法体制，才是防范权力暴力性的最佳方式。申言之，公民对基本安全保障的要求为司法权设定了有效的权力边界。众所周知，司法权的核心构成是权力来源和权力结构。按照自然主义法学的观点，在权力来源上，司法权是由公民让渡的权利集合而成的，它反映并服从于社会公众的集体意志。而在权力结构上，审判、公诉、监察等权力配置方案也是以保障公民安全为基本导向的。由此观之，在人类安全这一基本要求的指引下，司法权的配置能够达到合理的层面。但是，这并不是说司法权的配置一经完成就可以保持不变。法治实践证明，完美的制度是不存在的，现实世界总会以某种方式改变法律制度的运行轨迹。因此，为了保障人类安全这一基本价值，司法权仍需要在社会变迁中进行改革，以满足公民安全的生存、发展的具体要求。

其二，权利竞争的问题。人权限度之设定并非仅指向司法改革中的权力规制，也构成公民权利行使或主张的某种约束。换句话说，人权的司法保障并不意味着公民可以毫无限制地主张权利保护，自由权、平等权、福利权相互之间都可以成为彼此的抑制。纯粹人权主义者对此宣称，人权是每个人生而享有的权利，它不可剥夺、不可侵犯，国家法律体系的存在即是为了保

---

① 齐延平：《人权与法治》，山东人民出版社，2003，第222页。

障人权的有效实现，因此任何抑制人权的措施都将视为一种对人权的侵犯行为。纯粹人权主义者的观点在某种程度上说明了人权的存在意义。但问题在于，纯粹的人权观念仅构成现代宪法观念的一面，它仅仅看到人权对于个体的人所具有的意义，而忽视了人权保障与限制之平衡对于全体公民权益保障的意义。即便按照功利主义法学的理论逻辑，单体人权的权益之和也未必构成整个社会中人权收益在数学上的总和。事实上，国家与公民对于人权的关注点有所不同。在不考虑人权之间相互冲突的情况下，如何有效地保障整体公民人权效益的最大化才是国家法律体系最为关注的问题。因此，就当下的司法体制改革而言，权力制约与规范固然是司法改革的主要动因，但是人权保障与权利限制之间的平衡亦是其内在要求之一。有学者认为，中国当前的法治建设存在一种"权利泛化""权利主张"的趋势，对于任何事物或行为，人们总以权利的话语或视角表明自身主张的正当性。这也导致了我国司法机关常常面临诸多匪夷所思之诉，例如"一元钱索赔案""三毛钱厕所收费案""一元钱电话费案"等。① 一方面，这是公民权利意识提升的表现，但公允地说，权利泛化是人权的过度膨胀和缺乏合理限制的结果。由此来看，司法改革的人权限度不仅在于保障公民权利的实现，也在于有条件地、合理地限制公民权利。

　　其三，改革与诉权的保障问题。自 20 世纪 90 年代后期开始，中国社会迎来了结构性巨变。一方面，这是国家对外开放与现代化的必然结果，另一方面也引发了国家治理方式上的种种掣肘。这反映在司法体制方面，就是中国为了解决社会矛盾的激化所进行的三次司法改革。因此，探讨司法改革的人权限度，必须解决司法改革对诉权的保障问题。简言之，就是要解决改革及转型的正当性问题。前文已经阐明，社会、经济、文化等客观因素的变化，

---

① 参见陈林林《反思中国法治进程中的权利泛化》，《法学研究》2014 年第 1 期。

要求司法体制随之进行演变，这是马克思客观唯物主义的现实要求。然而，物质世界的变化遵循的是物质发展的客观规律，国家顶层制度设计的发展却是我们必须重新诠释的问题。我们通过对改革受众（包括法官、检察官、律师以及普通公民）的调查，社会需求的增加、社会矛盾的激变导致公众对司法机关的依赖程度远超从前，并且司法机关本身也存在着"案多人少"的症结。上述现象构成当前司法体制实施改革的外部与内部动因。由此观之，传统研究中对于改革及转型的认知，过分强调制度因素和政治形态，而忽视了公众关于改革及转型的根本意愿。而中国法治发展的历史表明，公众对于国家顶层政治制度关注不够且影响乏力。倘若从公民的基本诉求加以考量，人权对改革及转型的内在要求往往止步于司法对公民诉权的满足。当然，就当下的司法改革而言，围绕诉权产生的一系列相关问题，如司法公正、司法执行力、司法公信力等，都是公民诉权对改革的基本要求。因此，从人权视角出发，司法改革的基本限度应当是保障公民诉权的实现。

从当前司法体制的运行现状来看，影响司法结果的因素主要来自于现行法律体系本身。因此，司法体制无法以现行法律体系或制度化安排作为改革的标准，而仅能从法律规则、法律原则中探寻其背后的法治内涵，而人权恰是现代法治的主要内涵之一。实际上，司法改革归根结底就是人权保障问题。因此，将人权设为司法改革的合理限制之一，是符合宪法制度的基本价值的。但是，承认人权在司法改革中的规制性效用，并不意味着人们可以以"人权受到侵犯"为由主张诉权。事实上，人权不仅为司法改革提供了一个方向性指引，同时也提供了一个权衡标准。具体来说，人权为司法改革提供了一个审慎的权衡，即司法改革应当是在理性思维的引导下，兼采自由、平等、公平、安全等人权理念，重视人权的历时性与共时性特征，并在多种人权价值反复检验下实行的改革。它应当体现人本主义的特征，并以实现人权保障的最大化为最终目标。

三 诉讼爆炸与司法改革

人权体系及其系统化约束缓解了司法改革内在价值取向上的困扰。然而，司法改革的具象化困扰却是诉讼数量的激增。在现代法治国家，公民诉权的实现被认为是司法体制完备化的重要标志之一。它不仅关乎公民权利的保障问题，也是司法机关积极履行自身职能、实现自身价值的重要体现。但当前司法体制所能够容纳的审理空间却是有限的，面对日益激增的诉讼数量及类型，司法机关总是显得力不从心。因此，如何合理有效地应对、处理诉讼爆炸成为保障公民基本权利（尤其是诉权）的主要措施之一。

传统认为，中国社会是一个"厌讼"的社会，人们将"对簿公堂"视为一种耻辱。这一方面是由于我国非正式纠纷解决机制的发达，如民间调解等；另一方面则是由于社会交往结构的单一，农业社会的人们总是以土地为根基，在相对封闭的范围内开展人际交流。这一地域因素的固定性导致人们之间存在千丝万缕的联系。除非遭遇某些无法调和的事项，否则诉讼难以成为人们解决纠纷的选择。然而，在当下的中国社会，多元价值观日益成为人们生活中的一种常态，由此导致的价值冲突也愈加激烈。因此，在价值多元化与现代法治观念的驱使下，诉讼爆炸成为一个"厌讼国家"中的反常现象。一般认为，诉讼爆炸的出现既有法律因素的存在，也有社会因素的诱导。这其中既包括社会主要争端以及经济关系的变化，也包括与诉讼相关的费用、公民态度、法律支持以及法律职业构成等因素。[①] 在司法体制尚未能够充分接纳这种诉讼数量激增的条件下，诉讼爆炸引发了两种司法现象：一是人们对司法的过高期待——主要是受到欧美法治发达国家的司法观念的影响——牵引出司法效率低下、司法"不公正"、司法不作为等有违人权、宪法观念

---

① C. W. Brooks, *Pettyfoggers and Vipers of the Commonwealth: The "Lower Branch" of the Legal Profession in Early Modern England*, Cambridge: Cambridge University Press, 1986, p.79.

的结果；二是传统道德观念遭受现代法治精神的侵袭，人们愈加倾向于宣示自身的各种权利（包括各种自己构想的、非法定的"权利"），由此导致滥诉现象。在此有必要说明，"滥诉"并非是指诉讼数量的泛滥、增加，而主要在于表明人们过分强调自身权益的保护，将各种子虚乌有或者仅为道德所批判的不当行为认定为"违法（犯罪）行为"，由此导致司法诉讼数量的激增。

　　上述两种诉讼爆炸现象的出现，不同于西方法治社会意义上的"诉讼爆炸"。在奥尔森看来，美国的诉讼爆炸是与当时的司法制度改革存在直接关系的，其中尤以民事诉讼程序的改革最为密切。他将这次改革尝试称为一种"灾难"和"彻头彻尾的失败"。[1] 而我国的诉讼爆炸是由社会发展及法治进步所引起的，它承载着公民对自身权利的保护意识，而司法体制却难以完全消化由此产生的诉讼。因此，中美两国的诉讼爆炸现象沿袭着相反的发展路径，美国的诉讼爆炸源起于司法改革，而中国的诉讼爆炸则是源起于司法供给能力不变的情况下社会发展与公民司法需求的骤然增加。由此看来，尽管两国的"诉讼爆炸"现象源出于不同的社会诉求，但归根结底，都反映了人类对司法诉讼的基本需求。这就致使各国必须以司法体制改革的方式去平复司法供给与需求之间的落差，以满足公民人权保障的基本要求。

　　在诉讼爆炸的社会生活中，司法机关的职能是建立在国家治理的逻辑之上的。它强调诉讼对社会的意义和效用。申言之，诉讼社会的形成致使司法体制展现出法律实用主义或法律现实主义的倾向。司法机关对自身的认知以及社会公众对司法的期望均以社会效果为标准，加之网络与自媒体时代的放大效应，诉讼爆炸在一定程度上推高了司法审判的时间成本，增加了单一法官受理案件的数量。更为严重的是，在我国司法实践中，各级法院往往按照自然年为计算标准，在每个自然年的年底（12 月左右），开始清理本年度

---

　　① 　Walter K. Olson, *The Litigation Explosion*: *What Happened When America Unleashed the Lawsuits*, E.P.Dutton/Truman Talley books, 1991, p.1.

积压的案件，由此导致部分法官需要在 1 天之内审理 5、6 起诉讼。这样，单一案件审理时间的缩短，就意味着法庭质证、辩论时间的缩短，由此引发的一个可能性结果就是司法公正度的下降。尽管诉权及人权保障被视为现代法治国家权力配置与社会控制的基础之一，但受到司法资源、政治效应以及社会效果等多方面的约束，任何国家对于诉讼爆炸的制度性回应都未能全面、有效地解决该问题。此外，诉讼社会的到来也带来了另一个弊端，就是滥诉现象的出现。前述表明，滥诉并非源于司法的制度性困境。虽然司法的主要职能在于保障公民诉权，但正如立法不能解决所有社会问题一样，司法同样也无法解决所有纠纷。因此，对司法的理想化状态越推崇，社会公众所承受的不满意度越高，由此引发的司法公信力下降也将成为一种必然趋势。即便当下我国存在某些冤假错案，但一如前文所言，也不是司法所能够完全杜绝的。在社会转型时期，诉讼爆炸是一种难以避免的社会现象，司法优先需要顺应这一趋势，并以解决恶诉、滥诉为目标，有针对性地进行司法改革，以维护社会的稳定和公民的合法权益。

诉讼爆炸的产生对我国当下的司法改革具有非常重要的影响。细观近 10 年的司法改革历程，司法机关在改革方向上有所变化。具言之，新千年以来，面对日益激增的诉讼数量，我国司法机关在解决"诉讼爆炸"这一社会问题上，试图以建立多元纠纷解决机制的方式来实现法律纠纷的分流。为此，调解、和解、仲裁等非正式纠纷解决机制渗透到各种法律纠纷之中，甚至在法院内部也以调解作为优先适用的纠纷解决方式，例如河南、广西、河北等地方法院出现的"零判决"现象，就是法院增加调解方式结案的结果。[①] 这种应对"诉讼爆炸"的改革方案带来了两种法治弊端。一是有违人权保障的初衷。按照前文所述，诉讼爆炸是公民行使诉权的一种表现，即便它展现了司

---

① 参见张玉洁《错案追究终身制的发展难题——制度缺陷、逆向刺激与实用主义重构》，《北方法学》2014 年第 5 期。

法体制的某些制度性缺陷、揭露了公民权利意识强化过程中的恣意性，但不能否认，它首先是一个法律问题，其次才是社会问题。倘若司法机关拥有足够的资源来满足人们过于庞大的诉讼需求——滥诉、恶诉、缠诉等诉讼行为也包括在内——那么，诉讼爆炸所引发的社会问题也不会出现。因此，诉讼爆炸应当在法律范围内解决，也就是以司法裁判的方式定纷止争。在此，笔者并不否认调解、和解乃至仲裁在解决社会纠纷中的独特作用，但从实践来看，由于上述非正式纠纷解决方式均有削弱纠纷主体的积极权利主张之嫌。因此，它在司法机关内部的适用的确有违人权保障的初衷，同时也削弱了司法公信力。二是削弱了司法公信力。众所周知，司法公信力源自于社会公众对司法体制的信任和认同，它取决于司法体制在多大程度上满足人们对公平、正义的追寻。在法治国家，健全的司法体制能够在社会公众的心理层面建构起一种安全感、信任感，即社会公众能够通过司法诉讼保障自身的合法权益，而无需担心为各种纠纷所困扰。然而，调解、和解等非正式纠纷解决机制的介入，导致公民诉权与法律规范之间的对应关系发生异变。具体说来，当公民以诉讼方式寻求权利保障时，司法机关却将非法律纠纷解决机制纳入到法律系统中来，由此导致权利话语难以在法定权利、义务、责任的对应关系中获得解决，由此导致社会公众对司法体制的公信力下降。

"多元纠纷解决机制"的失败令我国司法体制的设计者开始反思"诉讼爆炸"的法治化解决进路。在《人民法院第四个五年改革纲要（2014—2018）》中，最高人民法院提出"建立和完善以庭审为中心的审判机制"来加强对公民诉权的保障。由此观之，面对"诉讼爆炸"所带来的制度性压力以及"多元纠纷解决机制"的法治弊端，司法机关已经开始在法治层面上尝试全新的司法改革方案。按照宪法制度的法治逻辑，司法机关的主要职能就是以法律规定的方式解决法律纠纷。它反映了司法权威与公民认同的统一。恰是因此，有学者认为，"诉讼是一种强有力的社会黏合剂，有助于维持社会秩序、推动社会转型和近代国家的形成"。① 虽然我国对于"诉讼爆炸"的法治化改革尚未显现成效,但按照法律发展的历史规律来看,在遵守宪法及保障人权的前提下,通过司法改革消解"诉讼爆炸"困境仍是可加期待的。

然而,在此需要言明的是,《人民法院第四个五年改革纲要(2014~2018)》虽然有助于保障公民诉权,缓解司法机关的诉讼压力,但并不是说当下司法改革的目标之一就是减少诉讼数量。事实上,有学者对诉讼率与法律进步的关系进行了详细研究。结果发现,法律进步并不必然体现为"诉讼爆炸",而诉讼数量的减少也并非意味着法律的退化。② 同理,我国司法机关对于"诉讼爆炸"的改革,其目标并不在于减少诉讼数量——这本质上是限制人权的一种表现——而在于改善司法资源配置方式和司法机关的职权结构,以更为合理的方式实现公民的诉权。总之,"诉讼爆炸"现象是社会发展及转型所引发的一种必然趋势,司法机关只能通过制度改革的方式去适应、消化此种压力,而不能无视其存在。

第三节　政治体制改革与司法评价

我国的司法体制改革是政治体制改革的伴生性问题,并且随着改革开放的进行以及社会、经济、文化的迅猛发展,司法改革与政治体制改革之间的关系愈加密切。有学者认为,司法改革不仅是我国政治体制改革的重要组成部分,而且是政治体制改革实现质性飞跃的突破口。以司法体制改革作为突破口是由我国司法体制的独特地位决定的。一方面,虽然现代法治国家将司法体制、立法体制、行政体制视为相互独立、相互制衡的政治体制组织形式,但我国的司法体制长期处于政治体制的边缘,远未达到与立法体制、行

---

① 初庆东:《近代早期英国"诉讼爆炸"现象探析》,《史林》2014 年第 5 期。

② 参见范愉《从诉讼调解到"消失中的审判"》,《法制与社会发展》2008 年第 5 期。

政体制并立、制衡的地位。因此，既然政治体制改革在于调整既得利益者之间的权力分配方式，那么，司法体制作为三者之中较为孱弱的政治力量，理当成为整个国家政治体制改革的突破口。另一方面，司法权作为保障公民权利、实现社会正义的重要权力，理应成为国家与社会公众之间相关联的政治纽带。但是，由于我国司法体制本身的制度性缺陷，例如：司法机关的行政化、司法不独立、执行难等现象，导致司法体制的价值难以有效发挥。而且，从法治发展的历史经验来看，司法权及其运行体制的完备化是任何法治国家或有法治理想的国家所必须具备的条件，而且司法功能的发挥也将推动立法体制改革、行政体制改革的发展。恰是因此，博登海默才高度肯定了司法体系在法律体系中的重要作用，他认为，法律体系的价值不仅在于制定良好的法律，同样也需要该法律得到切实执行。① 正是基于上述背景，我国的司法体制改革不可避免地成为当下政治体制改革的突破口，并为政治体制改革的完善提供经验借鉴。

一　政治体制改革与司法改革的目标设定

改革开放以来，政治体制改革就是中国社会中一个极富争议的课题。在当下的中国社会，政治体制改革是指在中国共产党的领导下，对某些同我国基本政治制度不相适应的政治制度实施的改革。它主要分为行政体制改革和司法体制改革。目前看来，我国政治体制改革从行政与司法两种政治端点出发，试图同时从整体上实现政治体制改革的历史任务。笔者认为，这种做法是可取的，但未必是最有效的。实践结果表明，行政体制改革与司法体制改革虽然均获得了一定的改革效果，但并未从本质上改善当下我国政治体制与社会发展之间的矛盾。因此，我国的政治体制改革可以双管齐下，但必须有

---

① 参见〔美〕博登海默《法理学——法律哲学和方法》，张智仁译，上海人民出版社，1992，第 220 页。

所侧重，例如选取某个政治力量作为突破口，以局部改革带动整体改革的方式推动我国政治体制的总体发展。

前述已经表明，司法体制改革是当下中国政治体制改革中最为适宜的突破口。它不仅有利于降低改革成本和改革风险，还有助于从司法体制内部改进政权的分配。然而，司法改革对于政治体制改革而言，最为重要的是为政治改革提供了有效的监督和惩罚机制。试想，倘若政治体制的改革者无须关注改革效果好坏，而倾心于实验性改革，某些改革措施的出台可能缺乏理性或实证根据。如此，改革效果的好坏、改革"成本—收益"的比率以及改革的风险势必难以得到有效控制。因此，司法改革不仅承载着司法体制自身的发展，也是对政治体制改革的一种呼应。司法改革之所以被视为法治国家建构中至关重要的组成部分，就是因为司法改革赋予了以宪法为基础的政治体制更多的活力。在以公平、正义为核心的法治理念下，完备的司法体制不仅在于保障法律的适用，更为重要的是在法律实施过程中展现法律的灵活性和对个案正义的追寻。申言之，良好的立法仅为社会公众提供了可供遵守的行为准则，但无法体现法律的权威以及惩罚性。只有当司法机关适用法律之时，法律的作用才得以真正凸显。这并不是否认立法之法的规范意义，而是在于说明司法体制的完备性保障了法律系统的良好运转，从而使纸面上法律能够成为一个动态的、立体的、可触摸的法律。

以司法改革推动政治体制的总体改革，是由我国当下的具体国情所决定的。虽然司法体制同行政体制一样，存在多种亟待解决的制度困境。但一如前述所言，以司法为突破口，主要在于以最小的制度伤害来保障政治体制本身的稳定性。但是，以司法为突破口，具有其他权力结构改革所不具备的优势。有学者认为，"其他突破口选择与司法体制改革作为我国政治体制改革的突破口的不同点在于：前者具有试验性、风险性、改革成果的不确定性；

而后者具有规律性、平稳性和结果的必然性，其收益最大，风险最小"。①
众所周知，当前的行政体制改革面临诸多的利益矛盾，其中尤以既得利益者
的抵制最为强烈。因此，在保持政治、社会、经济平稳发展的条件下，以司
法体制作为政治体制改革的突破口，不仅有利于监督、制裁行政机关及其工
作人员的违法、渎职行为，也有助于抑制权力部门的腐败行为。可以说，司
法体制改革的优先进行为政治体制改革提供了强势的惩罚机制，它既能够解
决"权利—权力"的矛盾关系，也能够在政治体制内部形成一种完备的监督
或制约机制。而且，由于司法权的被动性，司法权威的树立非但不会成为社
会的隐忧，相反，它同公众的法治理想一起，构筑起一道防范其他国家权力
异变或专制化的制约机制，有利于政治体制改革沿着宪法的目标发展。

　　尽管承受着来自体制内部与外部的双重压力，司法改革的目标仍应当与
当下政治体制改革的总体目标保持一致性。但是，这并不否定司法体制改革
在具体目标设定上的独特性。从当前的政治体制改革的具体目标与司法体制
的关系来看，调整司法机关与其他权力机关的关系，增强司法机关的运行效
率，发挥社会主义司法体制的民主优势，以及建立和健全有关司法公正的制
度，构成司法体制改革的主要目标。为实现上述目标，司法机关应当率先从
审判独立的制度化保障出发，探寻司法改革之于政治体制改革的相互关系。
具体说来，审判独立构成政治体制改革与司法改革之间的重要衔接点。众所
周知，当下司法体制存在的最主要问题就在于司法的不独立。按照我国《宪
法》第126、131条之规定，人民法院、人民检察院"依照法律规定独立行
使审判权，不受行政机关、社会团体和个人的干涉"。但是，由于我国司法
机关的地位相对低下，司法权经常遭受来自其他权力机关的干涉。尽管宪法
将行政机关、社会团体及个人的司法干预行为认定为"违法"行为，然而现

---

① 章武生：《我国政治体制改革的最佳突破口：司法体制改革》，《复旦学报》（社会科学版）
　　2009年第1期。

实情况是，受贿、上级法院的指示、人情等因素对司法机关的审判或检察职权的影响更为频繁和严重。按照培根的观点，"一次不公的判决比多次不平的举动为祸尤烈，因为这些不平的举动不过弄脏了水流，而不公的判决则把水源败坏了"。① 外部干涉所引发的司法不公正、司法不独立现象将整个司法体制推向了具有恶属性的国家机器，由此向社会公众展示了司法的制度性缺陷，例如司法公正监督机制的缺失或无效率、司法权运行不透明等。通过"国家—社会"的信息反馈机制，该现象在社会内部形成一种强烈的改革意愿，即国家试图同司法改革，乃至政治体制改革扭转社会公众对执政党及国家政权的态度，而社会公众则期望以改革的方式调整社会与司法的互动关系，并有效地保障公民权利的实现。通常认为，社会公众所拟想的司法改革并不涉及司法体制的制度性变革，而仅局限于对个案正义的坚持。司法内部改革需求与外部改革需求的融合构成当下中国司法体制实行改革的主要推动力。

　　审判独立为司法体制改革，乃至政治体制改革提供了一种相对意义上的保障形式。然而，仅承认司法机关的独立性尚不足以保障司法改革的实际成果。为了有效实现司法机关在社会生活、政治生活中的"正义守护者"的角色，司法机关还应当将树立司法权威作为改革的重要内容。具言之，司法权威是司法结果得到公众信服的根本。它源于司法公正的社会反馈，并由社会公众对司法机关权力行使的认可汇集而成。从某种意义上说，司法公信力是社会公众视角下的司法权威，而司法权威则是司法职权的行使展露出来的公信力。当下我国的司法机关对社会公众而言缺乏公信力，在政治体制内部又缺乏强势的权力。这样，即便获得了充分的独立性，也难以保证司法公正、个案正义的提升。因此，除了对审判独立的追求之外，司法机关也应当将司法权威作为司法体制改革的重要内容。

---

　　① 〔英〕培根：《培根论说文集》，水天同译，商务印书馆，1983，第193页。

　　司法体制改革目标的内容展现了其与政治体制改革目标的特殊性，然而，在改革策略上，司法体制改革却与政治体制改革保持了高度的一致性。这种改革策略上的一致性主要表现在以下两个方面。一是司法体制改革应当同政治体制改革一样，坚持稳步的渐进式改革。政治体制是国家基本的政治组织形式，反映一个国家的权力结构及管理方式。因此，对于一个处于快速发展中的国家而言，即便需要通过政治体制改革来消除某些阻碍社会、经济发展的制度性因素，也需要在保证社会、经济平稳发展基础上进行改革。司法改革的目标设定同样应当遵循这一规律。而且法律发展史的实践证明，司法改革作为法律体系自我进化的表现形式之一，首先应当尊重社会、经济的发展规律。既然司法改革的目标旨在推动社会和经济的发展，保障公民的合法权益。那么，就某些调整社会关系、经济关系的改革而言，司法机关应当坚持以改革的必要性、平稳性以及渐进性为准则来推动改革事业的前进。这不仅有利于减少司法改革的风险，同时也能在社会稳定、经济发展的基础上实现同政治体制改革的接轨。二是应当重视改革对于提升司法体制的运行效率和可操作性的实际效用。从我国政治体制改革的时代背景来看，当前我国的政治组织形式既存在权责界限模糊的弊端，也具有机构冗余、运行效率低下的缺陷。作为政治体制的重要组成部分，司法体制同样未能避免上述缺陷的发生。事实上，由于制度建构逻辑的一致性，无论是立法体制、行政体制还是司法体制均存在运行效率低下、制度的可操作性差的缺陷。为此，司法体制改革同政治体制改革一样，在制度设计上应当注重提升自身的运行效率和可操作性。

二　宪法制度下的司法权配置

　　自 1999 年最高人民法院实施司法体制改革以来，司法权的合理配置一直是我国司法改革中的核心问题。如果将人权保障能力作为衡量一个国家

司法水平高低的客观标准的话，司法权的合理配置就是其中的基本观测点
之一。从我国已经完成的三次司法改革来看，司法权的配置问题是司法机关
内部以及司法机关与其他权力机关之间最为突出的矛盾。一方面，在宪法理
念下，司法机关为了实现审判独立、树立司法权威，必须率先理顺司法权的
配置问题。这是司法体制得以完善的制度基础，也是司法机关保障公民权
利、体现宪法价值的基本要求。换句话说，司法权的配置问题关乎宪法体制
的具体实现。在缺乏完备的司法制度的国家，宪法体制是徒有其形而未有其
实质内涵的"空壳"，人权的宪法保护只是落实于纸面的文字，而无法在司
法实践中触及。因此，在法治国家，司法权的配置问题被认为是体现一个国
家宪法水平的标志性象征，是必须解决并不断完善的问题。另一方面，完备
的政治体制要求立法权、行政权与司法权之间形成稳定的、相互制衡的权力
结构。任何一种权力的弱化都将成为另外两种国家权力进行扩张的空间。孟
德斯鸠认为，"一切有权力的人都容易滥用权力，这是万古不易的一条经验。
有权力的人们使用权力一直到遇到界限的地方才休止"。[①] 按照这一逻辑，
司法权在国家政治体制中的弱化，将成为立法权与行政权争夺权力的"战
场"。事实上，我国行政权对司法空间的侵占历来都是司法改革的重心，只
不过在司法权弱小且改革力度有限的情况下，三种国家权力的相互制衡仍是
一种理想的状态。因此，司法权的合理配置不仅是关乎司法体制内部各机构
之间的职权分配问题，同时也是司法权与立法权、行政权争夺权力空间、实
现相互独立、相互制衡的理想状态的问题。

　　在宪法制度下，司法权的合理配置显得尤为重要。但是，在探讨司法权
的配置问题之前，我们有必要揭示两种传统上关于司法权配置的认知误区。
第一个误区是只要合理配置司法权，就能够改变司法权孱弱的现状。这一

---

　　① 〔法〕孟德斯鸠：《论法的精神》（上），张雁深译，商务印书馆，1995，第 154 页。

认知错误在于将权力的制度化配置视为权力规范化的完美解决方案,却忽视了人在权力实施过程中的能动性和自主性。由于权力实施者往往将个人主观意愿强加于制度之中,由此导致权力的制度化安排总是呈现某些不同于制度设置初衷的副作用。进一步来讲,即使按照宪法理念来配置司法权,司法权的运行仍将体现某些制度性弊端,这是当下制度设计者的智识能力无法避免的。因此,任何关于司法权配置的方案都不是完美无瑕的,国家及社会公众应当适度容忍司法权配置中的某些不足之处。第二个误区是保障人权构成司法权配置的基本准则,同时也是司法权配置科学与否的检验标准。这并非一个假命题,但过分强调了人权保障在司法权配置的作用。事实上,将人权保障作为司法权配置的基本准则,更多的是在体现国家意志形态对人民主权、民主政治的贯彻。与其说这是国家权力对公民权利的顺从,不如说是国家实现社会控制的一种"修辞"。从根本上来看,司法权的配置主要体现为司法权的规范化,它既表现为司法权的自由行使,也表现为其他权力以及公民权利对司法权的限制。因此,过分强调人权保障在司法权配置中的作用,有可能陷入客观唯心主义的陷阱之中。试想,在人权保障无法客观量化的前提下,司法权配置的科学与否又如何能以人权保障力度来加以衡量。故此,人权保障实际上只是司法权合理化配置附带性结果,其真正目的在于实现权力运行的有序化。当然,如此判断并不在于否认人权保障在司法体系中的作用,而是意在说明,权利保障无法成为权力配置的根本性影响因素,毕竟权力总是以权利的对立者存在的。即便再完美的理论设想,也无法在实践中超越公权力与私权利之间的矛盾。

诚然,宪法体制为司法权的合理配置提供了一个规范框架,以便于司法权的配置能够在法治背景下得以完成。倘若缺乏法治根基,司法权的权力来源就将受到质疑。而且,无论其具体配置方式及运行效果如何,司法权的宪法价值都将无从谈起。换句话说,司法权的配置应当体现宪法的基本精神。具体说来，现代法治国家中司法权的配置问题，意在实现司法体制内部的权力配置与监督的规范化、有序化。这是因为司法权是建立在"恶"属性的权力基础之上的。法治国家承认，司法权同行政权一样预示着一种"必要的恶"，它天然具有膨胀的属性，并且在行使自身的支配力的过程中永远无法自行停止。正如博登海默所指出的那样，"权力在社会关系中代表着能动而易变的原则。在它未受控制时，可将它比作自由流动、高涨的能量，其效果往往具有破坏性"。① 为此，权力的"恶"属性需要获得某种权力的约束，以便国家权力体系能够通过自身的逻辑自洽性解决权力的破坏性。从政治制度发展的历史经验来看，权力所带来的政治体制的"恶"属性并不是无限蔓延的，权力的出现同样也导致了权力的分化和制衡。即便司法权与行政权都具有"恶"的属性，但从国家权力体系的总体运行状况来看，权力之间的彼此对立，恰恰缓解了各自的"恶"。而且，"行政必须与立法相分离……审判必须与行政相分离。实际上，这两个分离恰恰是法治理想的核心"。② 由此看来，宪法体制下司法权的配置问题可以归结为一种规制权力"恶"属性的问题。

　　那么，司法权作为现代法治国家中一项重要的国家治理权力，应当以何种方式来实现自身的合理化配置呢？这一问题显然没有固定的、唯一的答案。既然国家权力及其政治组织形式并非恒久不变的，那么，司法权的配置方式当然也非固定不变且模式如一的。从国内外法治经验来看，司法权的配置经历了一个从权力集中到权力分化的演变过程。这一分化主要体现在审判权、检察权与侦查权的分离与制衡上，并且这种分化内涵了宪法体制的民主化、科学化要求。因此可以说，实现现代司法权合理配置的内在要求就在于

---

① 〔美〕博登海默：《法理学——法哲学及其方法》，邓正来译，中国政法大学出版社，1999，第 360 页。
② 〔美〕R．M．昂格尔：《现代社会中的法律》，中国政法大学出版社，1994，第 47 页。

满足宪法体制对于权力的分化、制衡、民主、科学等法治精神。而且，党的十八届三中全会已经明确指出，司法改革的深度推行，其目标之一就是"加快建设公正高效权威的社会主义司法制度，维护人民权益，让人民群众在每一个司法案件中都感受到公平正义"。由此观之，在我国政治体制改革的深化期，十八届三中全会已经为当下中国的司法改革（包括司法权配置）制定了目标和任务，那就是建立公正、高效、权威的司法权配置模式，以保障司法公平、正义等价值目标的实现。因此，我国当下的司法权配置模式改革面临着一个艰难的选择，即如何在权力的扩张本性与权利的限制中，寻找到一种均衡化的权力配置方案，以实现国家权力与公民权利之间的和谐、有序。

考察我国司法权的配置模式不难发现，审判权、检察权以及侦查权的权力分化模式实现了司法权内部的稳定与制衡。但是，子权力实施效果之和并不一定优于司法权的整体运行效果。尽管我国按照权力内容和实现阶段的不同，将司法权分别分离于法院、检察院以及公安部门。但是公允地说，司法权的三种子权力看似建构在平衡且相互制约的制度之上，事实上，该种权力分配所达到的制度效果严重违背了基本的司法规律，由此导致了审判权过度依赖于检察权、侦查权，降低了司法权的整体效能。[1] 因此，为了改变当前司法权配置模式的低效性，推动司法公平、正义的实现，我国有必要对司法权的配置模式进行适度改革，从而实现三种司法权之间的良性互动。具体说来，司法权配置模式的改革应当遵从《人民法院第四个五年改革纲要（2014—2018）》的基本精神，以庭审中心主义为基本理念，充分肯定审判权在司法体制中的核心作用，并积极发挥侦查权、检察权在案件审判过程中的具体权能。

---

[1]　参见孙洪坤《刑事司法职权优化配置的模式》，《法治研究》2014 年第 3 期。

三　政治体制改革模式变迁与司法改革

自 1978 年改革开放以来，政治体制改革就成为我国实现国家治理模式国际化、现代化的主要措施。在党的领导下，30 年多年来的政治体制改革已经取得了可喜的成就，但距离现代法治国家的建设目标仍有相当长的一段距离。而且，政治体制改革需要慎之又慎，稳之又稳，这就导致我国的政治体制改革发展缓慢，且阻力较大。从世界各国政治体制改革的成功经验来看，一个国家在推行政治体制改革中，往往需要遵循某种政治变革的基本框架。它或者表现为"经济引导—政治深化"的改革模式，或者表现为以"党政分立"为目标的模式，抑或以"政治机构改革"等内部政治形态的完善为目标的改革模式。

从我国政治体制改革的历史进程可以发现，自 1978 年改革开放以来，改革——尤其是政治体制改革——一直是我国执政党的一项重要任务。而且，受到基本国情的影响，我国的政治体制改革经历了多种改革模式的变迁。具体说来，自 1978 年第十一届三中全会开始，我国便以"实现四个现代化、建设与生产关系相适应的上层建筑"为目标，实施政治管理方式方面的改革。我们可以将这一时期的政治体制改革模式称为"生产关系与制度设计相匹配"改革模式。而从党的十二大、十三大开始，民主化政治改革开始成为我国政治体制改革的核心内容，并对以后的政治改革产生了深远的影响。除此之外，在这一阶段的政治改革中，"法制"开始在政治体制改革中崭露头角，并在国家权力制度建构中呈现出社会主义法制特色。尤为重要的是，该改革模式（我们可以称之为"民主法制模式"）否定了传统的西方权力配置模式，即"三权分立、相互制衡"模式，主张按照中国的实际情况，建构具有社会主义特色的法律制度，我国司法体制的基本架构也在这一改革模式下初具雏形。而党的十四大则在总结政治体制改革经验的基础上，反思政治体制改革与经济发展之间的关系，并提出"经济体制改革与政治体制改革并行"的改革模式。在该改革模式下，经济体制改革成为引导、推进政治体制改革的重要推动力，也在一定程度上左右了政治体制的内部结构。党的十五大、十六大清晰地认识到法治对于政治体制改革、经济体制改革的重要性，开始在我国推行法治国家的建设。同时我党也将民主政治与法治国家建设相结合，主张在借鉴人类政治文明成果、尊重中国基本国情的基础上，学习、借鉴、发展西方的政治制度模式。由此观之，这一时期的政治体制改革开始从"经济体制改革与政治体制改革并行"的改革模式向"法治模式"转型，并具有了法治国家建设的宏观架构。而党的十七大在顺应国际新形势以及我国基本国情的前提下，重审了民主政治与经济体制改革的重要性，并在依法治国、建设社会主义法治国家的基础上，提出党在政治改革中的领导作用。我们可以将之归结为"执政党建设与国家法治化"改革模式。而从 2012 年党的十八大以来，我国在政治体制改革模式上开始突出制度建设在政治改革中的积极作用，同时在坚持人民民主、依法治国、建设社会主义法治国家等改革方向的基础上，着重提出"完善基层民主制度，建立健全权力运行制约和监督体系"。习近平在十九大报告中提出，要长期坚持、不断发展我国社会主义民主政治，积极稳妥推进政治体制改革，推进社会主义民主政治制度化、规范化、程序化，保证人民依法通过各种途径和形式管理国家事务，管理经济文化事业，管理社会事务，巩固和发展生动活泼、安定团结的政治局面。[①] 由此可以看出，自党的十八大以来，我国在政治体制改革上开始推行"政治民主与权力制约"改革模式。

　　无论上述改革模式在改革方法和内容上有何区别，但从本质上来看，为了保证国家政治、经济、社会、文化的稳定性，我国政治体制改革需要遵循

①　习近平代表十八届中央委员会于 2017 年 10 月 18 日在中国共产党第十九次全国代表大会上向大会作的报告：《决胜全面建成小康社会 夺取新时代中国特色社会主义伟大胜利》。

某种政治体制发展规律，并勇于从历史中学习、借鉴有益的改革经验，推动我国的政治体制改革平稳、健康开展。这种政治推动作用与政治革命不同，它属于一个国家政治体制的温和式变动，往往是在不触动该国基本政体的前提下引发的制度性变迁。这也是当前世界各国政治体制改革蔚然成风的主要原因。

一般说来，政治体制改革模式的变迁属于政治系统的过程性变化，根据美国学者戴维·伊斯顿的观点，政治系统是指"维系一个社会政治生活正常运行的有机体，由系统组织、系统成员以及组织的能力和成员的权威性影响力等要素组成"。[1]而政治系统的变迁则是一种政治系统转化为另一种政治系统的过程。对于政治体制改革而言，改革模式的变迁同样体现为政治系统的变化，而且这种变化内部也存在着某种有规律的变化，按照马克思主义哲学观，我们可以将政治体制改革模式视为绝对变化与相对静止的统一体，改革构成政治体制变化的一种具体表现，而各国政治改革所凝聚的常规模式则展现出它相对静止的一面。虽然司法体制改革模式并不属于完整意义上的政治系统，但它却是构成政治系统中的核心组成部分之一。司法体制改革的成就不仅凸显政治体制改革的进步，而且也决定着政治体制改革的成功与否。按照尼古拉斯·卢曼的系统法学说，政治系统、法律系统与社会系统之间具有密切的联系，任何相关联系统的变化都将引起其他系统的伴随性变化。美国政治学家加布里埃尔·A.阿尔蒙德将政治系统的变化视为政治体制变迁的一种主要表现形式，并且认为政治系统发生变化的原因主要源自于政治系统本身所获得的额外职能。[2]尼古拉斯·贝利则进一步发展了卢曼与阿尔蒙德的思想。他认为，政治系统与社会系统的边界变化必然导致政治系统的职能

---

[1] 徐湘林：《从政治发展理论到政策过程理论——中国政治改革研究的中层理论建构探讨》，《中国社会科学》2004 年第 3 期。

[2] Gabriel Almond, *Political Development*, Boston: Little Brown and Company, 1970, pp.166-168.

变化，而且伴随着政治系统的职能扩张、减少乃至重组，政治系统都将面临政治体制模式变迁的可能。① 因此，在社会转型期，政治系统的变迁不仅需要顺应社会变迁，同时也应当明晰一个国家究竟需要何种改革模式。

　　政治体制改革模式的选择是由一个国家的基本国情决定的，而且主要通过经济发展态势以及社会公众的基本需求来加以反映。从我国社会经济发展现状来观察政治体制改革就可以发现，政党之间的政治观念差异并不构成我国政治体制改革的基本矛盾，相反，我国各政党紧密团结在以共产党为领导核心的社会主义政治体制下，并积极协助执政党实行行政体制改革、司法体制改革，甚至在经济体制改革中也扮演着重要的辅助作用。因此，传统上认为"政治体制改革源自于政党之间政治观念差异"的论断在我国并不具备学说市场。那么，我国政治体制改革缘起于何处呢？透过中国的基本国情来看，"经济引导—政治深化"改革模式是符合我国改革开放之初，以及未来很长时间内的一项重要改革模式。但是随着政治体制改革的逐步深化，我国已经进入改革的"攻坚期"和"深水区"。单纯遵从经济发展方向的引导已经不足以有效保证我国政治体制的先进性。按照第十二届全国人大二次会议的精神，当前中国的各项改革应当冲破传统观念，以经济体制改革作为政治体制改革的指引，并勇于打破现行政治利益分配模式，全面深化政治体制改革。因此，除"经济引导—政治深化"改革模式之外，"党政分立"改革模式，以及"政治机构改革"模式都应当成为我国政治体制改革中重要组成部分——事实情况的确如此——可以说，最适宜当下我国政治体制改革的模式应当是一种混合型模式。这并非意在说明我国政治矛盾的多样化，而是在于体现我国执政者在保持先进性上的勇气和决心。改革开放以来的30多年的改革经验已经证明，我国的政治体制是随着社会、经济、文化的发展而持续

---

①　Nicholas Berry, *Political Configurations: An Analysis of the Political System in Society*, Goodyear Publishing Company, Inc., 1972, p. 49.

变迁的，这一方面是由我国的基本国情决定的，另一方面则来自于中国共产党卓越的政治洞见。在当下政治体制改革的"攻坚期"，我们仍旧需要坚持党的领导、肯定国家的改革决定。

对于司法体制改革而言，政治体制改革模式的变迁将新的改革理念、改革因素以及改革目标引入到司法体制中来。这种全新的改革模式变化更具有现代法治气息，并拥有更加旺盛的生命力和优越性，也能够比较彻底地割断新旧两种国家治理秩序之间的关联性。也就是说，在政治体制改革模式变迁前后，司法机关将面临两种差异较大的国家治理模式。其中，司法体制改革的成果既是全新国家治理模式的制度起因，同时也是对旧有国家治理模式的扬弃。这里，不免有学者提出以下质疑：政治体制改革模式变迁所引发的新旧秩序差异，虽然能够实现政治改革的目的，但对于司法体制的稳定性而言，是否将产生难以抑制的负面影响？显然，这一质疑是关于司法稳定性与改革正当性之间相互关系的思考。无论我们是否承认，改革都将对司法体制的稳定性带来一定的影响。而且，我国当下已经越过了"稳定压倒一切"的阶段——即便国家一再强调政治稳定的重要性——司法体制存在的主要意义在于保障公民的基本权益。因此，在司法稳定性与改革正当性之间，政治的稳定程度已经远远超越改革所能带来的负面影响，并且在中国共产党的领导下，基于宪法与法治理念实施的司法改革，不仅不会影响现有的政治稳定，而且还有利于我国政治格局的合理化、科学化。质言之，在司法改革中，政治体制改革所催生的改革模式变迁，体现出政治不稳定的制度表象，但实际上，改革模式所触发的改革正当性与司法体制的稳定性之间矛盾并非不可调节。从改革开放以来的政治体制改革实践可以发现，政治体制改革的每次转向均在司法层面有所表现，但司法体制的稳定性与改革之间的矛盾却从未爆发，其中的深层次原因可以归结为我国政治深厚的稳定性。由此推之，即便面临政治体制改革模式的较大变化，司法体制改革在深厚的政治底蕴下，仍将能够保持自身的稳定性。但值得注意的是，为了保证改革的低风险、高效率，无论是政治体制的整体性改革还是司法体制的局部改革，改革者均应当坚持一种渐进式的改革进路。这种改革进路不仅有利于保护已有的改革成果，而且能够在社会、经济、文化发展过程中适时地作出调整，以适应社会发展的总体需求。当然，对于社会主义政治体制的具体建构，我国仍需要在实践中进行摸索。

第六章

司法评价机制的开展：以用户体验为视角

基于以上对司法评价体系的分析，我们将以司法评价理论为基础，综合运用主观评价法、统计数据的客观评价法以及系统模型的综合评价法，通过选取司法改革评价指标中的评价司法规律标准和公众感受标准，以民事诉讼程序运用者的视角为例，对司法权运行机制进行初步评价分析，以期发挥科学评价的相应功能。

第一节　体验评价的兴起及内涵

随着信息网络时代的来临，传统意义上横亘于产品供应者与用户之间的物理距离和信息不平等的"围墙"被彻底拆除，产品供应者及产品生产流程的神秘面纱被揭开，用户对产品及其生产全过程有了初步了解乃至全面了解的可能，产品供应者与用户的互动成了市场的必然要求，基于"用户体验"的产品、系统设计成为信息网络时代的必然产物。在理论上，对"用户体验"的研究源自于美国学者 B. 约瑟夫·派恩和詹姆斯·H. 吉尔摩的体验经济理论，他们认为，所谓体验经济是指产品供应者从用户生活和工作情境出发，以服务为重心，以产品为素材，为用户塑造感官体验与思维认同，创造出值得回忆的感受。在体验经济中，产品供应者不仅提供产品，而且提供舞台，体验要素依附在产品和服务中，消费的只是过程，用户参与这一过程，当过程结束后，体验记忆会长久地保存在用户脑中，使用户情感和心理获得满足。[①] 简

①　B. 约瑟夫·派恩、詹姆斯·H. 吉尔摩:《体验经济》，夏业良等译，机械工业出版社，2008，第16~18页。

而言之，"用户体验"是指用户为满足需要，在与特定产品、系统或服务等情境因素发生互动关系的过程中，所产生的感知和情感的反应。[①] "用户体验"的形成有赖于用户使用与产品属性的交换。在体验经济中，传统的产品中心思维模式，已经转化为"用户体验"中心的思维模式，即产品导向变成了用户体验导向，从技术有什么就做什么转变成了用户需要什么就做什么，并且特别强调某特定情境中用户与产品之间的交互体验。产品提供者参与竞争的手段，不是通过产品与服务的各项指标衡量，而是通过用户的感受、满意程度而形成对产品供应者的"体验"评价。

第二节　体验评价在司法改革评价学中的应用

诚如学者所言，中国的司法权是广泛的人民性与鲜明的政治性的有机统一，这是中国特色社会主义司法制度的本质特征，同时也是其根本优越性所在。[②] 习近平在本轮司法改革启动之初就明确强调，要努力让人民群众在每一个司法案件中感受到公平正义，所有司法机关都要紧紧围绕这个目标来改进工作，重点解决影响司法工作和制约司法能力的深层次问题。因此，从使用者及潜在使用者的角度、感知、体会来思考如何设计系统框架机制、权力运行方式、信息服务互动，并以此作为改进的预设目标，就此而言，司法权的人民性与"用户体验"的价值、理念具有高度的契合性。同时，"用户体验"还将抽象的司法人民属性予以具象化，部分纳入到可量化的操作体系中，亦是对司法人民属性的新诠释。在国外司法权运行理论中，以使用者为

---

① 温韬:《顾客体验概念的溯源、界定和特性探析》，《东北大学学报》(社会科学版) 2006年第 8 卷第 3 期。

② 李龙:《论中国特色社会主义司法制度的基本特征》，《武汉科技大学学报》(社会科学版)2010 年第 1 期。

中心对司法权运行机能的价值评价研究成果也蔚然可观。以日本学者新堂幸司的研究为例，他认为国家通过民事诉讼来保障向权利人提供廉价、公平、确实且无歧视的权利保护服务，并使民事诉讼制度易于被利用，是该制度实现其设置目标的先决条件，因此，从使用者一方的立场来考察民事诉讼制度，是该制度得以有效发挥作用不可或缺的一环，有必要将这种使用者对民事诉讼制度所期待的价值作为民事诉讼制度的设置目的。① 司法权运行要顺利发挥其作用，必须取得人民的广泛参与、支持和理解，司法权的人民属性和权威获取，必须取信于民，具有司法公信，用体验经济理论的理解，司法公信就是将司法视为系统、服务能否获得用户体验满意度的核心竞争力，这种竞争力又来源于司法机构以公开的姿态自觉地建构人民所期望的司法结构。可见，"用户体验"理论在改进司法权运行机制的评价体系中可以作为一种重要的主体视角、实践方法予以广泛运用。下文将选取"用户体验"理论的主要概念和命题，具体运用于民事程序的司法权运行机制评价。

一　核心概念

"用户体验"理论的核心概念包括用户体验期待、用户体验感知、用户体验满意度。所谓用户体验期待，指用户在接触使用产品之前或过程中，根据自己以往的经验及用户个体的需要，对产品客观存在的"事前期待"，对产品确立的心理目标或标准。用户体验期待值是由用户目标的实现可能性和目标满足需要的可能性两个参数决定的，其中目标的实现可能性属于用户对产品属性的事前认知，目标满足需要的可能性属于用户对自身目标价值的判断。② 用户体验感知在前文中已经定义，不再赘述。用户体验满意度则从用户体验期待与用户体验感知的比较中获得，用户体验感知≥用户体验期

---

① 〔日〕新堂幸司：《新民事诉讼法》，林剑锋译，法律出版社，2008，第 8 页。
② 秦银、李彬彬、李世国：《产品体验中的用户期望研究》，《包装工程》2010 年第 10 期。

待——满意度则为正值，属于令人满意的良好体验；用户体验感知<用户体验期待——满意度则为负值，属于令人勉强或失败的体验。

二　基本命题

基本命题包括以下内容：第一，产品、系统、服务（司法权运行机制）的设计、改进、评价必须以良好的用户体验为宗旨，考虑用户期待，满足用户需求；第二，用户期待的目标实现可能性应与产品、系统、服务（司法权运行机制）的属性、规律相契合，寻找有效的交互技巧，在优质的内容保证下通过正确的交互方式，取得用户对产品、系统、服务（司法权运行机制）属性、规律的认识、理解和支持；第三，产品、系统、服务（司法权运行机制）应结合自身属性、规律不断探索用户普遍的人性潜在需求，通过产品、系统、服务（司法权运行机制）自身改进，实现对用户体验的创造性转换。[①]　毕竟提供者在设计、改进产品、系统、服务（司法权运行机制）中已经包含了提供者的意志和选择，而当用户接受了新的定制体验时，他的期待、感知已经接受了一种模式的改变。

第三节　用户体验式司法评价中的指标分析

在民事程序中诉讼当事人的"用户体验"往往具有主观性、动态性、模糊性及情感性的特征，这使得对"用户体验"的定性分析多，定量分析少，很难准确把握"用户体验"。本节将依托课题组设计的民事程序使用者或潜

---

① "体验决定我们是谁、我们能做什么、我们将去哪里。我们不断要求组织推出体验，改变我们。人类总在搜寻激动人心的新体验，来学习成长、发展进步、修正革新"，体验不仅仅是感受，不断创新的体验或不断进入新的体验过程，可以改变人原有的感受力并创造新感受力。这就是派恩和吉尔摩所言之体验转型 (transform)。刘少杰：《体验经济与感性选择的确证》，《天津社会科学》2003 年第 5 期。

在使用者的感知评价问卷 ①，通过对问卷回收后的数据进行分析，着重考察当事人体验感知与用户期望这两个参数，把握当下使用者对民事司法权运行状况的体验评价。

表1　司法为民总体方面的体验评价

			司法为民方面的改革						合计
			效果显著	比较有效	效果不大	完全无效	负效果	说不清楚	
地区	东部经济区	计数	10	134	364	58	25	69	660
		地区中的比重（%）	1.5	20.3	55.2	8.8	3.8	10.5	100.0
	中部经济区	计数	21	164	331	55	31	43	645
		地区中的比重（%）	3.3	25.4	51.3	8.5	4.8	6.7	100.0
	西部经济区	计数	13	72	115	17	5	4	226
		地区中的比重（%）	5.8	31.9	50.9	7.5	2.2	1.8	100.0
合计		计数	44	370	810	130	61	116	1531
		总计的比重（%）	2.9	24.2	52.9	8.5	4.0	7.6	100.0

　　从民事程序使用者对受访前司法权运行的总体状况来看，民事程序的使用者对司法为民方面的改革体验总体并不满意，东、中、西部经济区受访人群对司法为民方面的改革评价认为"效果不大"的均达到了50%以上，显示此前的司法改革未充分考虑使用者的"用户体验"，或采取的改革措施未准确把握使用者的体验期待。

　　从民事程序使用者或潜在使用者不愿意通过司法途径解决纠纷的调

---

① 受本文篇幅所限，问卷调查的设计、目标选择、投放回收、数据分析等在此不详细阐述，今后课题报告研究成果将对此作详细阐明。本问卷调查采取定向选取受访者的方法，通过分别选取东、中、西部经济区受访者进行问卷调查，问卷全部完成回收时间在2013年底。

表 2 当前群众有纠纷不愿意通过司法途径解决的原因

			原因 [a]						总计
			诉讼效率不高	诉讼成本过高	诉讼程序繁杂	执行难	以和为贵的传统文化影响	诉讼外解决更有利	
地区	东部经济区	计数	341	450	375	370	66	90	657
		经济区划分内的比重（%）	51.9	68.5	57.1	56.3	10.0	13.7	
		总计的比重（%）	22.4	29.6	24.7	24.3	4.3	5.9	43.2
	中部经济区	计数	351	414	345	381	92	140	639
		经济区划分内的比重（%）	54.9	64.8	54.0	59.6	14.4	21.9	
		总计的比重（%）	23.1	27.2	22.7	25.1	6.1	9.2	42.0
	西部经济区	计数	137	150	165	123	55	59	224
		经济区划分内的比重（%）	61.2	67.0	73.7	54.9	24.6	26.3	
		总计的比重（%）	9.0	9.9	10.9	8.1	3.6	3.9	14.7
总计		计数	829	1014	885	874	213	289	1520
		总计的比重（%）	54.5	66.7	58.2	57.5	14.0	19.0	100.0

查中，我们发现试图通过诉讼外方式解决纠纷的受访者仅占全部受访者的19%，可见在没有较好的替代诉讼解决方式的情况下，受访者不愿使用民事程序的回答更近于一种负面情绪的体现，即受访者对于诉讼解决纠纷预期期待和实际的体验感知之间存在较大的落差，不愿使用的原因也间接印证了受访者对诉讼效率、诉讼成本、诉讼程序的便利性等有较高的体验目标满足需要，但目前的民事司法权运行机制并未很好地回应这种需要，或未找到有效的"用户"与"产品"的交互技巧，使得使用者对民事司法权运行机制的属性、规律不了解、不理解，形成了一些不合理的体验期待。

表3　当前法院的社会公信力差的原因

			原因 a							总计
			对司法权宣传不够、负面报道太多	司法腐败问题严重	司法干扰太多	公众不信任法治或法律意识不高	法官的素质和形象不佳	司法程序不透明	司法判决不公	
地区	东部经济区	计数	934	1102	1493	1229	678	709	517	2201
		经济区划分内的比重（%）	42.4	50.1	67.8	55.8	30.8	32.2	23.5	
		总计的比重（%）	20.1	23.7	32.1	26.4	14.6	15.3	11.1	47.4
	中部经济区	计数	712	796	981	874	475	418	333	1708
		经济区划分内的比重（%）	41.7	46.6	57.4	51.2	27.8	24.5	19.5	
		总计的比重（%）	15.3	17.1	21.1	18.8	10.2	9.0	7.2	36.8
	西部经济区	计数	377	286	497	429	241	174	147	738
		经济区划分内的比重（%）	51.1	38.8	67.3	58.1	32.7	23.6	19.9	
		总计的比重（%）	8.1	6.2	10.7	9.2	5.2	3.7	3.2	15.9
总计		计数	2023	2184	2971	2532	1394	1301	997	4647
		总计的比重（%）	43.5	47.0	63.9	54.5	30.0	28.0	21.5	100.0

如前文所言，司法公信在"用户体验"理论中可化约为"产品"能否获得用户体验满意度的核心竞争力，这种竞争力源自司法机构以公开的姿态自觉地建构人民所期望的司法结构，但就上述对司法公信力不佳的调查分析可知，司法权宣传不够、负面报道太多是因用户体验不佳及交互技巧不足所致；司法腐败问题严重、司法干扰太多是因当事人接受平等、公正对待期待与现

实体验落差所致；公众不信任法治或法律意识不高是因使用者对其自身潜在真实需求发掘不足时，司法权运行机制未及时通过自身改进，实现对用户体验的创造性转换；司法程序不透明是因程序设计未充分考虑使用者对"产品"的知情期待和参与期待；司法判决不公的原因则非常复杂，不能完全归纳为"产品"本身的不佳体验和使用者在个案中对预期体验的不当期待。

第四节　体验评价与司法运行逻辑的契合

"法律是用来调整社会关系的，是用来解决社会问题的，法律的终极目的是为了实现社会的福利。如果说法律的整个运作过程必须以实现社会效益最大化为目的，那么，司法活动如不考虑到法律对社会所产生的效果和作用，那么就可能背离或偏离法律的目的，就会迷失方向。"① 具体而言就是要在司法权运行机制的设计、改进、评价中以良好的用户体验为宗旨，考虑用户期待，满足用户需求。但使用者的期待是否合理，是否有实现的可能性，还必须结合司法权自身的运行逻辑，简而言之，使用者的体验期待与司法权自身的运行逻辑并非总能保持完美的一致，反而因司法权自身的客观局限容易和使用者的体验期待产生冲突、矛盾，从而降低使用者的体验满意度。龙宗智教授从宏观的角度对这种矛盾进行了分析，他认为，"在司法建设中，存在着社会逻辑与司法自身逻辑的矛盾。司法，是对冲突的事实及诉求进行判断和处断，司法的中立性、被动性、亲历性，司法官的独立性以及相生伴随的德性和才能，是司法的逻辑。但在统揽型体制之下，以'上令下从'为特征的行政逻辑，才是各种权力运作中共同的根本行为逻辑。在此之下，司法作为社会整体管治体制的一部分，其内部独立自治的程度十分有限，它的中

---

① 江必新：《在法律之内寻求社会效果》，《中国法学》2009 年第 3 期。

立性与被动性也受到一定限制。在外部，为配合中心工作，司法需要采取某种比较主动的姿态；在内部，法官办事员化，上命下从的行政原则渗透于司法。由此形成社会逻辑与司法自身逻辑的矛盾"。① 仅就上文对用户体验的问卷分析归纳，民事司法程序中用户期待可大致归纳为：当事人接受平等、公正对待的期待，当事人对诉讼程序便捷化的期待，当事人表达意愿、实质参与的期待，当事人对司法权运行公开的期待，当事人对客观真实探求的期待，当事人对个案实体公正的期待，等等。然而上述期待与民事司法权本身又存在着诸种内在矛盾：①诉讼程序的复杂化与当事人体验期待的便捷化之间的矛盾；②诉讼程序参与度不足、参与能力低下与当事人强烈表达期待的矛盾；③诉讼程序的封闭性与当事人对程序过程公开性期待的矛盾；④审判权配置不佳与当事人接受平等、公正对待期待的矛盾；⑤审判结果中法律真实的认定与当事人对客观真实探求期待的矛盾；⑥审判结果的法律自洽性与当事人对个案实体公正期待的矛盾。矛盾的存在或因民事司法权运行的自身属性、规律，或因司法机制的自身局限性，或因民事司法权运行机制配置不合理等因素，或因使用者对司法机制不了解产生了不合理、不现实的体验期待，或因司法机制未设计出有效的双向交互机制以消解用户期待中的不合理部分，等等。

如学者苏永钦所言，在对司法改革评价时应秉承的态度是"从人民的角度看问题，用社会科学的方法解决问题"，通过"用户体验"的视角可以发现使用者对司法机制的期待以及现实体验中期待与感知的落差，进而发现司法机制中存在的问题。但如何满足使用者的合理期待、如何提高使用者的体验满意度，如何提升司法机制的"品牌"竞争力，还必须从提高司法产品本身满意度及回应用户期待的能力着手。从使用者的角度来看，体验的满意

① 龙宗智:《重建民众对司法的信任感——当前司法的难题及应对》,《南方周末》2010 年 7 月 15 日。

度关键在于信任和合理期待，信任和合理期待的产生源自使用者对司法权运行机制的认识、了解，如果使用者抱着不愿认识、不想了解的态度，久而久之就会不满意、不信任[1]，从司法机构的角度来看，应尽量用高品质的司法产品回应用户的体验期待，同时应寻找有效的交互技巧，通过设计更为开放的系统、更为公开的参与方式，使得使用者认识司法权运行机制属性、规律，使其体验期待趋于合理化，进而获得使用者的理解和支持，更应积极探索使用者对司法运行机制的公正、平等价值的根本需求，通过司法权运行机制自身改进，塑造使用者新的体验期待和体验感知，真正将"用户体验"纳入法治、司法的轨道，实现对用户体验的创造性转换。

　　本节从司法改革评价研究出发，意在提供视角、找出问题、给予导向，而非针对具体问题提出解决方案。总体而言，司法必须通过改革做到更方便公民的利用、更容易理解、更能赢得人们的信赖。司法改革要以"公民的社会生活上的医生"为标准来确保司法产品的数量和质量，以便为每一个人提供适合其具体生活状况和需要的法律服务，从而使群众认识到司法与医院同样不可须臾或缺。司法机构在依自身属性、规律运行时，必须履行对公民的说明义务，必须加强与公民之间的对话和沟通。[2]

---

[1]　曾玕峰：《台湾司法改革没抓到重心》，《法治周末》2013 年 10 月 8 日。
[2]　季卫东：《宪政新论——全球化时代的法与社会变迁》，北京大学出版社，2005，第 434 页。

第七章

法官选任制度评价的实证分析

第一节　中国法官管理模式的现状

根据组织管理学的基本原理，法院作为行使公权的非营利组织，其法官管理模式也需要围绕组织人事管理的两大基本功能，构建起包括遴选制度、薪酬制度、培训发展制度和绩效考评制度在内的各项核心的人事管理机制。由此，我们可以通过对法官选任机制和法官监管机制的考察来描绘现实中管理模式的大致轮廓。

一　法官的遴选制度

中国法官选任的标准主要是根据《法官法》第 9 条所确立的，即包括国籍、年龄、政治、业务素质和良好的品行以及相关学历、法律工作的经验，其中政治、业务素质和良好的品行等条件无配套考察机制予以甄别，具有现实甄别意义的学历、法律工作的经验的门槛较之其他公共行政部门的人员选任难以体现较大的区别，这种低矮的法官遴选门槛与欧美等国的高标准法官选任形成了鲜明的比照。[①] 当前中国法官遴选机制的形成可追溯至中共革

---

① 在德国，根据《德国法官法》(The German Judiciary Act)，那些期望从事司法工作的人员必须先在大学中经过 4~5 年的法律学习，然后参加两次州统一司法考试。通过了严格初试的候选人要进行为期两年的司法实践培训，接着参加州复试，包括长达 40 小时的笔试（8 项笔试，每项 5 小时）和 5 小时的口试。通过第二次州试后就可以申请法官资格，但只有两次考试成绩优秀和优异的15%的候选人才有被选拔的可能。另外，为了更好地了解候选人的品行，申请者被任命为法官前还必须通过一系列面试。最后，（转下页注）

命时期的大众化司法观念，即"法律、法律科学和司法工作并不神秘，只要坚持党的原则顽强的学习，善于密切联系群众，任何人都可以有所作为。工农出身的司法干部更有条件作好司法工作，在人民司法体系的建树上作出贡献"，基于此种观念，早期的领导人对司法干部的选任标准主要是政治性的。首先"一九四五年以前参加工作的老干部。其次，土改、镇反、'三反'、'五反'的积极分子（工人、店员、妇女、农民），历史清白，有高小以上文化程度，身体健康，而且有志于政法工作的都可"。[①] 改革开放之后，社会关系日益复杂，社会对于专业化的司法需求增大，为了满足现代社会对于具有"精密理性"和"实践理性"[②] 司法专业人才的要求，《法官法》新增了初任法官必须通过国家统一司法考试的条款，但受限于法官薪酬体制等问题，司法考试并未真正解决法官任职门槛过低的问题，反而使得法院，特别是中西部地区的法院，通过了司法考试的人才流向预期收入比较高的律师市场，甚至出现了苏力总结的"法院内部人才的逆向流动"。[③]

（接上页注①）即使候选人被司法部任命为法官，最初也只取得见习法官的资格，在三年的见习期间，只要有迹象表明其不是从事司法职业的合适人选，那么可以在不通知本人的情况下解除其法官职务。参见关毅《法官遴选制度比较》（上），《法律适用》2002 年第 4 期。除了德国，该文还详细介绍了英国、美国、加拿大、荷兰等国以及欧洲司法委员会遴选法官的具体程序和制度。

① 董必武：《关于整顿和改造司法部门的一些意见》，载《董必武法学文集》，法律出版社，2001，第 118 页。

② 张维迎：《产权、激励与公司治理》，经济科学出版社，2005，第 125~128 页。

③ 诚如苏力所言，如果不改善法院的吸引力，法院招来的学生，在法院工作几年，通过了统一司法考试，并积累了足够的法律实务经验和关系资源后，他们会安心在这些法院工作下去吗？如果他们可以从业律师，或是调往经济更发达因此收入更高的地区的法院时，他们会选择离开原工作单位吗？因此，这些法院岂不是成了一个从业律师的上岗培训班，弥补上面提到的目前中国法学院司法知识和实践知识不够的弱点。哪里还有法官的"职业"？！参见苏力《法官遴选制度的考察》，载《道路通向城市——转型中国的法治》，法律出版社，2004，第 251~258 页。

二　法官绩效考评制度

考评依据主要有《中华人民共和国法官法》对法官义务和惩戒的规定、《法官职业道德基本准则》及人民法院《审判人员违法审判责任追究办法》、《审判纪律处分办法》、《执行工作纪律处分办法》等文件的规定。《人民法院五年改革纲要》中规划的司法改革总体目标之一就是"在科学的法官管理制度下，造就一支高素质的法官队伍"。最高人民法院 2005 年发布的《人民法院第二个五年改革纲要》第 42 条对如何加强对法官的管理和监督有明确规定："改革法官考评制度和人民法院其他工作人员考核制度，发挥法官考评委员会的作用。根据法官职业特点和不同审判业务岗位的具体要求，科学设计考评项目，完善考评方法，统一法官绩效考评的标准和程序，并对法官考评结果进行合理利用。建立人民法院其他工作的评价机制。"《人民法院第二个五年改革纲要》所要求建立的"法官绩效考评的标准和程序"在具体的实践中日益为"数字化管理""量化考评"等机制所填充。以某中级人民法院的法官考核机制为例，这些监管、考评机制主要表现为：第一，审判绩效的数字化考核，根据考核内容的不同将考评分为业务目标考评和共性目标考评，其中业务目标考评又细分为 32 个考评项目，其中主要的指标是结案数、上诉案件发回重审数、一审服判息诉率、调解率等，共性目标则包括作风建设、审判信息、新闻稿件、学术调研文章等；第二，与上述考核项目相联系，又建立起"四项对接"措施，充分发挥审判绩效管理对法官的导向作用，即将审判绩效管理与目标奖惩对接、将审判绩效管理与干部选拔任用对接、将审判绩效管理与纪检监察对接、将审判绩效管理与创先争优对接等。

第二节 审判权视野中的组织管理模式

一 通常组织人事管理的流程及功能结构

从组织管理学的角度出发，任何组织的良好运转都需要解决"如何选对人"和"如何激励人"的问题，组织机构溃散或者效用乏力往往都是由选人不当、用人不察或者监管不力、激励不足造成的，作为非营利组织的法院亦概莫能外。据公共管理学研究可知，任何组织机构为了保证其组织目标的实现，必然根据其组织的特定工作性质，对其进行结构化的机构聚集和职位分类，这是组织自身机制架构的问题，此后则面临如何挑选能胜任工作的职员进入到相应的职位中，以及如何通过各种激励、惩罚措施保证进入组织的职员能够勤勉工作，最终实现组织的既定目标。为了支撑人事管理的两大功能即"选对人"和"激励人"，人事管理体制往往还通过遴选制度、薪酬制度、培训发展制度和绩效考评制度等相互衔接，构成一个完整的运转体系。遴选制度主要解决组织和职位候选人之间的事前信息不对称以及可能的逆向选择问题，而薪酬制度、培训发展制度和绩效考评制度主要解决组织和员工之间事后的信息不对称以及道德风险问题。由图1可知，组织人事管理的流程及功能结构所关心的根本问题在于，"由于中心决策者不可能得到所有信息，绝大多数决定权必须授予那些掌握相关信息的人，人与人之间信息流动的昂贵成本带来了在组织和国家中下放某些决定权的必要性。由于代理他人行使决定权的人都具有自私自利的本性，所以不是最完美的代理人，而权力下放则会弱化系统的监控"。换句话说即虽然效率要求组织在决策和权力中授予自由裁量权，但授权的每一个行动都带来控制和监督的问题。正是为了解决组织授权的"道德风险"问题，人事管理与监督问题才显得重要起来。可见，不同组织机构授权的权属性质即特定工作的性质，直接决定了该组织人事管理体制的制度设计。

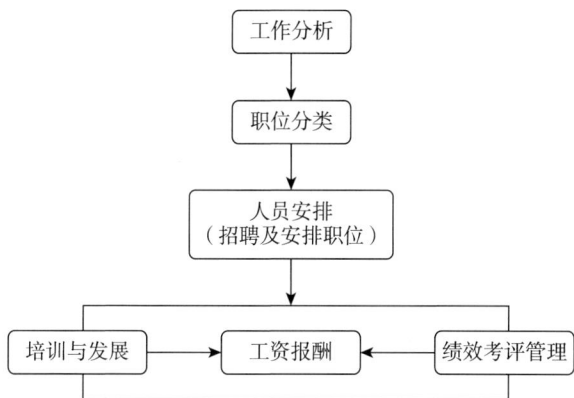

图 1　人事管理流程及功能结构 [①]

二　工作特定性与授权、监控的关系理论

福山在其著作《国家建构：21 世纪的国家治理与世界秩序》中基于组织工作的特性，首次界定了工作特定性的概念，并将组织工作特定性高低与组织人事管理体制的设置进行了分析。福山所谓工作特定性的高低是指，一个业务熟练的决策者在不完全信息条件下不按例行程序作出决策而可能被考核、监督的程度，即决策者不按例行程序作出决策而被考核、监督的可能性越高，表明其工作特定性高；决策者不按例行程序作出决策而被考核、监督的可能性越低，表明其工作特定性低。福山列举了一个高度特定性的工人流

[①]　根据图 1，组织管理者首先需要对该组织运作需要的各项工作进行细致的分析和定位，以便分类并确定不同职位以及各自所需人员；接下来就是确定相应的遴选制度（根据不同职位需求挑选不同的人员）、培训制度（意在开发员工的潜能以及帮助其跟上不断更新的职场知识）和包括指标设计、绩效考核及相应奖惩措施的绩效考评制度（目的在于激励和监督员工）。员工事后的工资报酬则直接和绩效考核结果挂钩。参见〔美〕菲利普·J. 库珀等《二十一世纪的公共行政：挑战与改革》，王巧玲、李文钊译，毛寿龙校，中国人民大学出版社，2006，第 269 页。

水线制造的例子，这种服务的流程非常严密，每一个环节相互衔接，工人的工作内容相对单一，如果一个工人不称职，就会立即出现纰漏并被发现。相比之下，高中指导顾问这种服务的特定性很低，顾问人员可以建议一个学生改变从业方向，这个建议不一定会被立即采纳，而且即便被立即采纳，它对该学生后来生活的影响也许数年之内都不甚明显（即使影响明显也不重要，因为对其工作的绩效难以进行反向的评估）。以上的例子并不表明，流水线工作的工人的工作比高中指导顾问的工作更为重要，只是因为其工作特定性的不同导致后者的工作成效难以进行即时、量化的评估。基于福山对工作特定性的定义及该工作事务量的大小判定，我们可以将社会常见的工种的工作特定性标示如下：

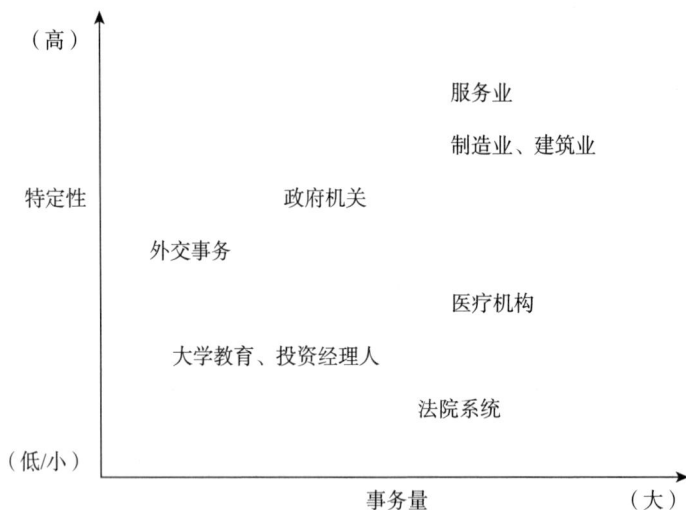

图2　社会常见工作及其特定性

　　根据福山对不同社会工种工作特定性的分析以及组织管理学关于授权与监控的理论，我们可以推导出第一个简单的命题："选对人"和"激励人"的重要性是随着工作特定性的高低而变化的。以低工作特定性与监管、选任关系为例，大学教育工作的特定性较低，其工作绩效很难进行考核，而且实际上也不可能让单独一个教师对整个教育的工作成效负责，故很难对大学教师是否勤奋工作及其工作的绩效建立一个行之有效的考察机制，即对于大学教育而言很难解决组织和员工之间事后的信息不对称及道德风险问题，为此则必须高度重视"选对人"的问题，通过高门槛的准入机制解决事前信息不对称的逆向选择问题，用高门槛的选任机制对冲难以有效实行的事后监管机制。[①]

以高工作特定性与监管、选任关系为例，福特公司最早提出汽车生产流水线管理理念，一整部汽车的生产工序被分割为一个个环节，工人之间的分工细致，川流不息的传送带，把整个工厂都联系在一起。生产线上工人生产产品的产量和质量得以大幅提高的管理机制不在于"选对人"，因为对于制造业的普通工人，由于其在生产流水线上的工作不仅高度特定，而且极易被取代，故"选对人"几乎可以被忽略。当然也不需要特别的人才选拔程序和制度，只要身体健康、有一点文化（甚至没有文化也行）就可以了，最关键的是对进入工厂的工人事后的管理和监督机制是相当严格的，建立在系统的劳动分工基础之上、把生产划分为高度例行化的小而简单的任务。这表明工作特定性高的组织对于"选对人"并不重视，而对于入职后员工的监管却异常严苛，这是由于该类组织事务量大、人力成本低，过高的选任成本会极大降低其工作效率，而其工作内容易于监控，对员工的绩效便于考核。简而言之，基于工作特定性高低而导致"选任""监管"相互配套的管理体制其实分别是一种互补的整体性制度安排，即"制度间共时性相互依赖可能会作为每个博弈域的均衡结果而出现"。

基于上述分析，我们可以将第一个简单命题即"选对人"和"激励人"

[①]　这样的例子在现代职业经理人所谓"业务判断规则"（business judgement rule）中也多有体现，面对瞬息万变的市场，职业经理人有根据自己的经验在自己的权力范围内做出商业判断的权利。除非证明经理人有明显过失，法院一般不会支持股东的诉讼。参见张维迎《产权、激励与公司治理》，经济科学出版社，2005，第193~200页。

的重要性是随着工作特定性的高低而变化的，进一步完善为以下两个命题。

1. 社会组织工作的特定性越高，其对组织和职位候选人之间的事前信息不对称以及可能的逆向选择问题即"选对人"机制的要求越低，而对组织和职位候选人之间事后的信息不对称以及道德风险问题即"激励人"的监管制度要求越高。

2. 社会组织工作的特定性越低，其对组织和职位候选人之间的事前信息不对称以及可能的逆向选择问题即"选对人"机制的要求越高，而对组织和职位候选人之间事后的信息不对称以及道德风险问题即"激励人"的监管制度要求则相对宽松。

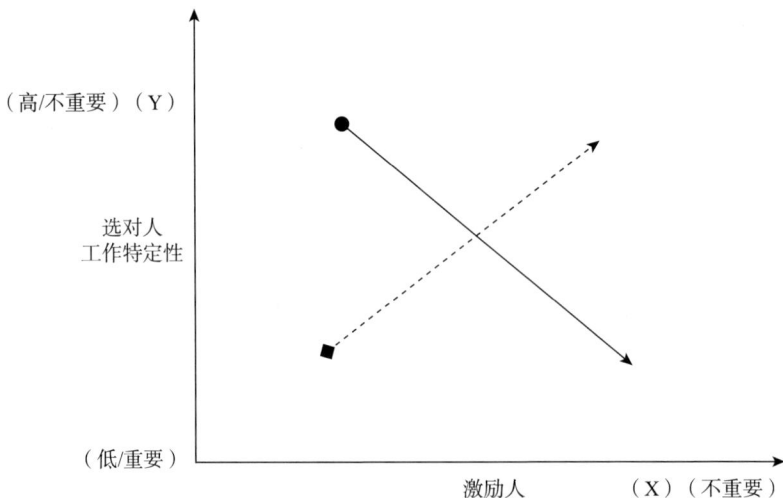

图3　特定性工作与选任、监管重要性关系 ①

---

① 在图3中，Y轴表示工作特定性及选任的重要性，越往上工作特定性越高，选任机制越不重要，X轴表示监管机制的重要性，越往右工作监管机制越不重要，越往左工作监管机制越重要。由该图可知随着工作特定性的逐渐降低，人才选拔制度慢慢变得重要，相应地，事后管理和监督的重要性却在减弱。到了横轴的中点（即工作特定性居中），人才选拔制度重要性曲线与事后管理监督制度重要性曲线正好相交，这意味着对于大多数工作特定性不大也不小的行业而言，事前的人才选拔与事后的管理监督同等重要，合理的制度设计应该根据事前、事后信息问题解决总成本最小化的原则进行适当的选择。

综上，对于工作特定性较低的行业组织，因其组织工作的特性，其组织目标的实现取决于被授权后的组成成员个人的判断、裁量，这就导致特定性较低的工作若制定严苛的监管机制，既难以解决事后信息不对称问题，又可能因严苛的监管机制而削弱组织成员的创造性工作，违背该工作固有的规律属性。故对于大学教育、职业经理人、医疗机构等低特定性工作组织的人事管理，"精挑细选的人才配以相对宽松的事后管理和监督"才是一个符合科学规律而且在现实中卓有成效的配套制度。

三 审判权视角下的法官选任与管理模式

审判权从本质上而言是一种判断权，判断的前提是关于真假、是非、曲直所引发的争端的存在。司法判断是针对真与假、是与非、曲与直等问题，根据特定的证据（事实）与既定的规则（法律），通过一定的程序进行认识的过程。就审判权对法律适用的判断角度而言，随着"法律形式主义"神话的破灭，人们逐渐意识到因语言本身的不确定性，社会生活的变化对法律规则的琢磨，以及诸如政策、意识形态、社会地位、权力结构和利益冲突等社会因素的影响，法官并非机械地按照法律自身的逻辑去解释和适用，相反，法官在解释法律这种社会行为中难以避免地注入了自己的意义。在解释法律时，他们不是简单地遵循着既定的解释规则，而是依照其主观意义领域的多种因素，其中既包括利益权衡，也包括宗教信仰、个人情感、对自己所属特定社会群体的认同、道德、传统、教育背景等。就审判权对事实认定的判断角度而言，在司法活动中，需要查证的事实都是过去发生的事实，法官对于过去发生的事实并非亲身经历者，且因时间的不可逆性，法官也无法回到事发时刻，故法官对已发生的事实争议只有通过一系列的取证、质证和认证的判断活动来重构过去的事实。换句话说，法官对案件事实认定的过程就是法官通过对实物的观察和人们的叙述判断案件真实情况的过程。可见，福山的理论很好地解释了具有高度裁量特性的法院工作需要怎样行之有效的人事管理体制与之配套。由此我们可以推导出理想中法官工作特性与选任、监管关系的具体命题：法官工作具有极强的裁量性，其工作特定性低，故对法官候选人的事前信息不对称以及可能的逆向选择问题即"选对人"机制的要求越高，而对组织和职位候选人之间事后的信息不对称以及道德风险问题即"激励人"的监管制度要求则相对宽松。简而言之，法官需要严苛的入职遴选门槛，配以相对宽松的事后管理和监督。

第三节　审判权视野下现行法官管理模式弊病分析

由本章第一节对中国法官管理模式现状总结可知，目前我国法官管理体制与理想中法官工作特性与选任、监管关系的具体命题是完全相反的，中国目前的法官管理体制的图景是：对法官候选人的事前信息不对称以及可能的逆向选择问题即"选对人"机制的要求很低，而对组织和职位候选人之间事后的信息不对称以及道德风险问题即"激励人"的监管制度要求则非常严苛。简而言之，中国法官低矮的入职遴选门槛，导致必须配以非常严苛的事后管理和监督机制，以解决"大众化"法官的道德风险问题。

结合前述关于审判权视野中法官管理模式的分析及对世界范围内法官管理模式的横向比较，我们大致可以从各国的法官管理的模式中抽象出两种极端的图景，其中一种是理想中的欧美式图景，即严苛的法官准入门槛配以相对宽松的任后管理、监督机制，[①] 第二种是中国式的，即相对低矮的法官

---

① 以美国为例，在波斯纳看来严苛的准入门槛是指"白宫和参议院对候选人进行了细致非凡的筛选"，美国的法官历来都从德高望重、品行学识俱佳的律师和法学家中选任，但任职后，"联邦法官可以懒惰，可以没有法官气质，可以糟践下属，可以毫无理由地训斥出庭律师，可以道德不良受到谴责，可以几乎是甚或就是老得动不了了，（转下页注）

选任辅以严密、全天候的监管机制。

一 中国法官管理模式弊病的成因

中国式的法官管理模式是由中国长期的司法观念、社会环境、政治生态等因素造就的。在改革开放之前，熟人社会中相对封闭的流动性，高度计划经济的行政、命令性使得缺乏严格法官选任机制的法院尚能通过严密的公务员式的科层制管理，即以高度行政化的管理机制和绩效考评制度来控制法官并衡量其工作能力和努力程度，在一定程度上化解了法官的道德风险问题。但改革开放之后，原有的熟人社会和计划经济体制迅速被充满风险、高度流动性的陌生人社会及充满活力、纷繁复杂的市场经济所取代，由此而来的必然是社会道德的断裂、利益的冲突和大量的纠纷，法院和法官也在毫无准备的情况下被推到了历史的前台，民众对权利的渴望、社会对公正的需求激增，传统的法官管理图景已呈现与司法工作特性难以融合的弊端。这些弊端使得中国法官管理陷入一种恶性循环的境地，即低矮的法官遴选门槛导致大量大众化法官进入法院，为了防止事后信息不对称的道德风险问题，势必不断加强对法官的考核、监管，但法官特定性极低的工作却使得上述考核、监管制度不但难以有效地解决法官的道德风险问题，且不当的激励、监管机制使得法院行政化趋势不断强化，并给予作为"理性人"的法官更多突破既有程序约束的动力，去追求货币和权力的最

（接上页注①）可以不断犯低级的法律错误并且判决不断被推翻，可以出于各种考虑将一些本来几天或几个星期内就可以作出完美判决的案件拖上个几年，可以向传媒透露机要信息，可以追求赤裸裸的政治议事日程，以及可以有其他不端的行为（而如果是其他定了职的公务员或大学教授有这些行为就可能被解雇），他还是可以保住自己的职务"。参见〔美〕理查德·A. 波斯纳《联邦法院：挑战与改革》，邓海平译，中国政法大学出版社，2002，第234~235页；《超越法律》，苏力译，中国政法大学出版社，2001，第128页。

大化，^① 难免导致法官道德风险的弥散化，又进一步招致更为严苛的内、外部监管。如此循环，这便很好地解释了为何监控严苛，却无法有效遏制法官道德风险、腐败问题。

二 事前遴选大众化与事后管理高度行政化的共生并存

根据《法制日报》的报道，"改革开放之初，全国共有 3187 个法院、11 万名干警，其中法官只有 6 万人。至 2007 年，增加至 3557 个法院、30 万名干警，其中法官达 19 万人，……全国法院具有大学文化程度的干警也从最初的几千人，发展到现在本科以上学历 20 万余人（占全体干警人数 65.29%），具有硕士、博士研究生以上学历的 1 万多人"。^② 不难发现，庞大的法官规模既是行政化扩张的结果，更是法官组织行政化的原因，膨胀的法官机构需要配以层级、规则等手段才能实现有效的管理和控制，试想在一个只有 9 名法官的法院，不仅不需要也不大可能发展出具有很多层级和很多规则约束的高度行政化体系。如此大众化的遴选标准和范围不仅直接决定了新中国各级法官的"双低"（即素质水平低和薪水低），更在很大程度上正当化了高度行政化的事后监督和管理，并在社会变迁的背景下对严苛复杂的绩效考评制度产生了急迫的现实需求。^③

---

① 根据学者艾佳慧的研究，经比较中、美法官的效用函数，差别非常明显。除去对休闲的追求具有共同性之外，美国的法官更多最大化声誉和投票效用（对于那些非同寻常的法官，声誉更具有压倒一切的力量），而其中国同行则更看重收入和官位的最大化。参见艾佳慧《中国法官最大化什么》，载苏力主编《法律和社会科学》第 3 卷，法律出版社，2008，第 137 页。

② 《法制日报》2008 年 11 月 6 日。

③ 在社会结构没有发生大的变动，社会对法院的需求还不大的时候，具有较高政治觉悟、道德水平的法官基本上还是人们心目中合格的法官，因此对其审判质量进行绩效考评的动力不大。但在改革开放以来的社会变迁背景下，疏于严格遴选的法官群体解决纠纷的能力和职业操守却因纠纷的复杂和自由裁量权越发不受民众信任，正是在此背景下，针对法官工作的绩效考评制度也开始越来越重要了。参见艾佳慧《中国法官最大化什么》，载苏力主编《法律和社会科学》第 3 卷，法律出版社，2008，第 143 页。

三　授权效率与事后监管的双重失效

目前的法官监管制度既无法有效地控制事后道德风险亦无法有效考核法官工作绩效，且不断强化法院行政化管理体制，不断推动法官在实现自身利益最大化过程中对诉讼程序机制的突破。由上文对司法权性质的分析可知，法官在裁量案件时对于事实的认定和法律的适用具有极大的裁量性，法官只要保证其最终的判决结果在法律允许的裁量范围之内，那么即使法官有不检行为，在未被发现之前，用目前的数字化考核指标也无法有效衡量其廉洁性。正如俞中所言："普遍性的法律需要通过解释才能与个别性的案件事实相结合。在解释法律的巨大空间中，法官可以朝着不同的方向行走，但其中的每一个方向可能都具有合法性。"故这种考核对试图不轨的法官并无多大的威慑力，发改率、申诉率这样的审判质量指标即便有效，最多也只是边际上的，即只要法官对事实、法律的自由裁量权没有明显地越过法律禁止的底线，这样的考核指标很难对法官不法行为形成实质上的约束。与此同时，这些用于检验法官绩效、廉洁性及司法能力的考核指标虽然无法达成其预设目标，但往往异化成一种权力控制的工具，使得法院这种本应"扁平化"的组织机构逐渐演化成"金字塔"形的"单一权威"组织。这种权力控制对于司法工作为害甚巨，恰如美国法学家亨利·米尔斯所言："在法官作出判决的瞬间，被别的观点，或者被任何形式的外部权势或压力所控制或影响，法官也就不复存在了。宣布决定的发改，其作出的决定哪怕是受到其他意志的微小影响，他也不是法官。法院必须摆脱胁迫，不受任何控制和影响，否则他们就不再是法院了。"除此之外，中国目前法官监管机制还在一定程度上导致了法定诉讼程序的失灵。以陈瑞华对刑事诉讼程序失灵的研究为例，他指出："司法人员之所以规避某些刑事程序，是因为遵守这些程序规则会造成他们的直接利益损失。本来，按照刑事程序法的制度设计，侦查人员、公诉人员、审判人员都不应与案件的结局有着直接的利害关系，否则，他们就都属于被申请回避的对象。但是，公检法三机关内部业绩考评制度的存在，却使得在刑事司法程序运转过程中，后一机关对案件的实体处理结果直接决定前一机关是否办成了'错案'，并因此影响前一机关的业绩考评结果。这种以后一机关的实体处理为标准的业绩考评制度，造成公检法人员将追求某种有利的考评结果作为诉讼活动的目标，而根本不会保证法律程序的实施，甚至这种有利结果的取得本身就是通过架空和规避法律程序实现的。"与此相呼应，作为理性人的法官为了追求"发改率"的指标可能突破审级制度的设计，导致"圆柱型"法院的出现；为了追求"结案率"及"平均审理时间"的指标可以化繁为简，极力缩短审理期限，甚至不惜以牺牲当事人程序权利为代价，此举同时可以保证法官有更多时间投入到调研文章或其他非审判考核加分事务中去；为了追求"结案数量"突破司法被动底线主动承揽案源，甚至制造虚假诉讼，凡此种种，不一而足。

第四节　审判权视野下法官管理体制的建构

通过前述分析，我们不难得出以下结论：目前中国法官管理体制与审判权的属性存在根本的抵牾，重监管而轻选任的法官管理图景也与世界主流的法官管理图景相倒置，从现实层面而言，这种管理体制也难以适应市场经济社会对专业化法官和规则之治的需求。我们基本的思路是，中国法官的管理体制必须与社会需求以及审判权的性质规律相一致，即从总体目标而言，应该对法官候选人的事前信息不对称以及可能的逆向选择问题即"选对人"机制提出更高标准，而相应放松对法官事后的信息不对称以及道德风险问题即"激励人"的监管制度，同时逐渐配置能够有效替代绩效考评制度的法官声誉机制。为实现总体目标，与本书研究主题相关的主要但不完全实现路径如下。

第一，从市场经济、社会结构的巨大转变背景思考，以现代社会的司法需求为总的出发点，执政党应总结、调整对审判权属性规律的判断，逐步转变大众司法和行政化司法的理念。

第二，"推进法院工作人员的分类管理，制定法官、法官助理、书记员、执行员、司法警察、司法行政人员、司法技术人员等分类管理办法"，通过分类管理的方式推动法官的内部遴选，对已有法官资源进行存量改革，设计合理的内部遴选机制，淡化法官管理的行政化趋势，最大化挖掘已有法官资源，并最终确定严格的法官员额比例方案。

第三，"在确定法官员额的基础上，逐步提高法官待遇"。一方面，通过提高法官的薪酬待遇，吸引最优秀的人才进入法官序列，[①] 并乐于自觉接受法官职业的参与性约束；另一方面，拉平法官地区间、层级间及行政级别间的薪酬待遇差别，以货币收入的趋同性抵消法官对行政级别的追求，间接促进法院组织结构的"扁平化"。

第四，"改革法官遴选程序，建立符合法官职业特点的选任机制。探索在一定地域范围内实行法官统一招录并统一分配到基层人民法院任职的制度。逐步推行上级人民法院法官主要从下级人民法院优秀法官中选任以及从其他优秀法律人才中选任的制度"。通过严格的法官选任门槛解决法院和法

[①] 苏力认为，要真正从根本上改变目前这种法学院毕业生特别是一流法学院毕业生不愿进法院当法官的状况，最重要的措施就不是提高"门槛"，而在于增加其可能的货币和非货币收益，从而吸引更多的优秀法学人才进入法院当法官。而只要想进的人多了，竞争激烈了，这个门槛自然就会高起来，而不会像现在先把门槛垫得很高，然后又要——至少在西部一些地区——想方设法降低门槛，甚至砍门槛。苏力：《法官遴选制度的考察》，载《道路通向城市——转型中国的法治》，法律出版社，2004，第251~258页。苏力此言本意在于，仅提高选任门槛，而无相关收益激励，结果只能导致内部人才的逆向流动，只有实现前期进入成本和后期职业利益相匹配，才能吸引优秀人才流入。

官之间的事前信息不对称及道德风险问题。

第五，重建法官声誉评价机制。通过制定法官行为法、法官评鉴法、法官惩戒法等将法官评鉴机制从普通公务员评鉴机制中脱离，设置由民意机构选定的非固定化独立法官声誉评定机构，每年依据法官守则或一定的标准，按照法定的程序，对法官的操守、业绩、能力、品行等进行评鉴，并将评鉴结果公之于众。对于评鉴中发现法官有贪赃枉法、徇私舞弊等违法犯罪行为的，应严格依照法官惩戒法予以惩处，以此解决法院和法官之间的事后信息不对称的道德风险问题。

第六，塑造法官共同体的职业伦理。一个完善的司法职业伦理传统在某种程度上是正式的法官管理制度的替代，这样一些能够约束法官"自我实施"的行为的道德规范可以部分弥补法官遴选过程中对候选人"德行"考察的忽视。福山也指出，很多组织"不通过严密的考核和问责制度并使用复杂的个人激励方法，而是依靠规范来寻求从特定性低的工作中获得最佳的绩效……依靠制度化的机制和非正式的规范相结合的办法，对提高特定性低的工作的绩效通常颇为重要"。

第七，加速推进司法公开。积极探索庭审公开、判决文书公开以及审务公开等司法公开形式，将行使审判权的法官及其行为置于公众、传媒舆论监督的阳光之下，通过长时间的重复博弈形成一种声誉辨别机制，驱动法官个体在展示能力获取社会、同行认同和尊重的同时遵守法定规范。

结　语

　　任何一种司法制度的建构都必然带有一定的倾向性，其适用范围往往无法囊括司法的各个面向。因此，在我国司法体制改革的总体方案中，应当有一种评价机制来评测某一制度改革方案的实际成效，以保证司法改革朝着正确的、积极的方向前进。因此，中国共产党服从司法发展的基本规律，在2014年召开的十八届四中全会上，肯定了司法监督对于司法公正的重要意义。在中国法治发展的拐点上，《中共中央关于全面推进依法治国若干重大问题的决定》又将司法监督置于如此重要的位置，显然并非"新瓶装旧酒"。诉讼监督、案外监督、"利益"监督等多种监督方式的提出，亦是要对司法制度、司法改革的整体运行机制实行有效监督。但是，多种监督方式的提出，又如何得到有效执行呢？从历次司法改革的实践来看，我国司法改革的决心如此坚定，改革的方案如此具体，但却远未达到预期的目标。

　　究其原因可以发现，我国的司法改革不仅缺少一个长远目标，更重要的是，对于每一次重要的改革动议，无论是改革者还是实践者都缺乏一个有效的监督、评价机制。这也导致了我国司法改革步履维艰、进展缓慢的局面。

有鉴于此，建构一套完整的司法评价指标体系对于我国的司法体制改革而言已经势在必行。当然，司法评价指标体系并非一种纯实践性的经验结果，要真正达到评价过程与结果的科学性、客观性及公正性，切实明白司法改革为什么进行评价、评价什么和怎样评价等问题，仍需要有完备的理论体系作为支撑。①

---

①　邱均平主编《大学评价与科研评价》，华夏出版社出版，2005，第100~112页。

主要参考文献

一 著作

1. 梁治平等:《新波斯人信札》,贵州人民出版社,1988。

2. 龙宗智:《相对合理主义》,中国政法大学出版社,1999。

3. 王圣诵、王成儒:《中国司法制度研究》,人民出版社,2006。

4. 《邓小平文选》第 2 卷,人民出版社,1995。

5. 丁国强:《司法人文与法官品格》,山东人民出版社,2008。

6. 邓正来等主编《国家与市民社会:一种社会理论的研究路径》,中央编译出版社,2002。

7. 高其才:《多元司法——中国社会的纠纷解决方式及其变革》,法律出版社,2009。

8. 何怀宏:《公平的正义》,山东人民出版社,2002。

9. 侯猛:《中国最高人民法院研究》,法律出版社,2007。

10. 黄仁宇:《现代中国的历程》,中华书局,2011。

11. 吕伯涛主编《司法能力建设的新视角:司法能力建设与司法体制改革研究》,

人民法院出版社，2006。

12. 娄正前：《诉求与回应：当今中国能动司法的理论与实践》，法律出版社，2011。

13. 谭世贵主编《中国司法改革研究》，法律出版社，2000。

14. 郑成良：《法律之内的正义：一个关于司法公正的法律实证主义》，法律出版社，2002。

15. 张永泉：《司法审判民主化研究》，中国法制出版社，2007。

16. 卓泽渊：《法政治学》，法律出版社，2005。

17. 左卫民：《司法制度》，四川大学出版社，2006。

18. 左卫民、周长军：《变迁与改革——法院制度现代化研究》，法律出版社，2000。

二 外文文献

1. Lung Sheng Tao, "Politics and Law Enforcement in China:1949-1970", *The American Journal of Comparative Law*, Vol.713, 1974.

2. Burawoy Michael, "The Extended Case Method", *Socialogical Theory*, Vol. 16, 1998.

3. Glaser Barney, Ansel Strauss, *The Discovery of Grounded Theory: Strategies for Qualitative Research*, Chicago Aldine Publishing Company, 1967.

4. Martin Shapiro, Alec Stone Sweet, *On Law, Politics, Judicialization,* US: Oxford University Press Inc., 2002.

5. Henry R. Glick, *Courts, Politics and Justice*(3rd ed.), US: McGraw-Hill Inc. 1993.

6. Barber Bernard, *The Logic and Limits of Trust*, New Jersey: Rutgers University Press, 1983.

7. Benjamin Kidd, *Social Evolution*, Nabu Press, 2011.

8. Joseph Husslein, *Evolution and Social Progress*, Kessinger Publishing, 2010.

9. John Rawls, *A Theory of Justice*, Cambridge: Harvard University Press, 1999.

10. P. Devlin, *The Enforcement of Morality,* Oxford University Press,1965.

11. Xi Lin, "Equity in The Chinese Law: lts Origin and Transformations", Thesis of PhD, London School of Economics and Political Science (United Kingdom), 2008.

12. Richard A. Posner, *Economic Analysis of Law (9th ed.)*, Wolters Kluwer Law & Business 2014.

13. E. Bodenheim, *Jurisprudence the philosophy and Method of the Law(revised edition)*, Harvard University Press, 1974.

14. Roscoe Pound, *An Introduction to the Philosophy of Law*, New Haven, CT:Yale University Press, 1982

15. EU Accession Monitoring Program, "Monitoring the EU Accession Process: Judicial Capacity," *Open Society Institute*, 2002（12）.

三　论文

1. 公丕样:《中国特色社会主义司法改革道路概览》,《法律科学（西北政法大学学报)》2008 年第 5 期。

2. 万毅:《转折与展望:评中央成立司法改革领导小组》,《法学》2003 年第 8 期。

3. 王兆国:《社会主义民主法制建设的一个重要里程碑——关于形成中国特色社会主义法律体系的几个问题》,《中国人大》2010 年第 22 期。

4. 江国华:《常识与理性（十）:司法技术与司法政治之法理及其兼容》,《河北法学》2011 年第 12 期。

5. 江国华:《通过审判的社会治理——法院性质再审视》,《中州学刊》2012 年第 1 期。

6. 孟建柱:《深化司法体制改革》,《人民日报》2013 年 11 月 25 日,第 6 版。

7. 胡云腾、袁春湘:《转型中的司法改革与改革中的司法转型》,《法律科学(西北政法大学学报)》2009 年第 3 期。

8. 王琳:《司法改革的路径选择》,张卫平主编《司法改革评论第四辑》,中国法制出版社,2002。

9. 江国华:《转型中国的司法价值观》,《法学研究》2014 年第 1 期。

10. 于一夫:《"以党治国"面面观》,《炎黄春秋》2010 年第 7 期。

11. 邓建民:《从人治到法治——论中共三代领导集体的法治观》,《毛泽东思想研究》2000 年第 5 期。

12. 李方民:《遵循司法工作规律积极参与社会管理创新》,《山东审判》2010 年第 5 期。

13. 庞正、杨晓敏:《社会转型与中国法制现代化——第三届全国法学理论博士生论坛综述》,《法制与社会发展》2007 年第 5 期。

14. 孙谦:《发挥司法在社会管理中的职能》,《国家检察官学院学报》2011 年第 3 期。

15. 石经海:《量刑规范化解读》,《现代法学》2009 年第 3 期。

16. 谢晖:《论民间规则与司法能动》,《学习与探索》2010 年第 9 期。

17. 许章润:《法律、法学与法学家的中国语境》,《华东政法大学学报》2008 年第 1 期。

18. 杨建军:《司法能动在中国的展开》,《法律科学》2010 年第 1 期。

19. 周国文:《公共性与公民伦理——兼论哈贝马斯〈在事实与规范之间〉的公民伦理思想》,《人文杂志》2005 年第 5 期。

20. 张吉喜:《能动司法创新社会管理的两种类型》,《法学杂志》2011 年第 1 期。

图书在版编目(CIP)数据

司法评价的基础理论 / 蒋银华著. -- 北京：社会
科学文献出版社，2018.8
ISBN 978 - 7 - 5201 - 3068 - 4

Ⅰ.①司… Ⅱ.①蒋… Ⅲ.①司法 - 工作 - 研究 - 中
国 Ⅳ.①D926

中国版本图书馆 CIP 数据核字（2018）第 157373 号

司法评价的基础理论

著　　者／蒋银华

出 版 人／谢寿光
项目统筹／刘骁军
责任编辑／关晶焱　李从坤

出　　版／社会科学文献出版社（010）59367161
　　　　　　地址：北京市北三环中路甲 29 号院华龙大厦　邮编：100029
　　　　　　网址：www.ssap.com.cn
发　　行／市场营销中心（010）59367081　59367018
印　　装／三河市龙林印务有限公司

规　　格／开 本：787mm×1092mm　1/16
　　　　　　印 张：11.75　字 数：149 千字
版　　次／2018 年 8 月第 1 版　2018 年 8 月第 1 次印刷
书　　号／ISBN 978 - 7 - 5201 - 3068 - 4
定　　价／55.00 元
